PETRONII
CODEX TRAGVRIENSIS

A COLLOTYPE REPRODUCTION OF THAT PORTION OF COD. PARIS. 7989

COMMONLY CALLED THE

CODEX TRAGVRIENSIS

WHICH CONTAINS THE

CENA TRIMALCHIONIS

OF

PETRONIVS

TOGETHER WITH FOUR POEMS ASCRIBED TO PETRONIVS
IN COD. LEID. VOSS. 111.

WITH INTRODUCTION AND A TRANSCRIPT BY

STEPHEN GASELEE

Fellow, Lecturer, and Librarian of Magdalene College, Cambridge

Cambridge :

at the University Press

1915

CAMBRIDGE
UNIVERSITY PRESS

University Printing House, Cambridge CB2 8BS, United Kingdom

Cambridge University Press is part of the University of Cambridge.

It furthers the University's mission by disseminating knowledge in the pursuit of education, learning and research at the highest international levels of excellence.

www.cambridge.org
Information on this title: www.cambridge.org/9781107691421

First published 1915
First paperback edition 2014

A catalogue record for this publication is available from the British Library

ISBN 978-1-107-69142-1 Paperback

THE PALAZZO CIPPICO AT TRAU—FRONT

THE CODEX TRAGURIENSIS OF PETRONIUS, CENA TRIMALCHIONIS

I

This MS is the only authority for a considerable part of the *Satyricon* of Petronius: the *Cena Trimalchionis* occupies rather more than one-third of the whole work in the very fragmentary condition in which we now possess it, and is of great importance both because the *Cena*, unlike the rest, is almost complete (the lacunae, if they exist, being few and unimportant) and from the unique character of its contents: a realistic picture of life in the first century of the Empire among the wealthy *parvenu* class of freedmen[1].

The *Cena* is found on pages 206–229 of the MS, which is now in the Bibliothèque Nationale at Paris, Lat. 7989: the complete contents are as follows:—

p. 1. Tibullus.   I have reproduced the first page for the sake of an owner's inscription, of which I shall have to speak presently.

p. 44. Propertius.

p. 132. Catullus.   I have reproduced the last page (179) of this, as it contains a dating inscription, of which I shall also speak later on.

p. 180. The *Epistle of Sappho to Phaon*, ascribed to Ovid.

p. 185. Petronius.   As far as p. 205 this is one of the ordinary MSS of the *Satyricon*, taking its place in the numerous class known as the Vulgaria Excerpta: it is a fair specimen of the class, and interesting in that both at the beginning and the end it is stated that the fragments are " ex libro quinto decimo et sexto decimo"; this is one of the few indications we possess of the original size of the *Satyricon*. On pp. 206–229 is found the *Cena*, and these pages are all reproduced in the present volume.

p. 229. The *Moretum*.

p. 233. The *Phoenix* of Claudian.   This, which is possibly in a slightly later hand, completes the MS, ending on p. 237.

The two portions of Petronius, those found on pp. 185–205 and on pp. 206–229 have no connexion beyond the accidental fact that they follow one another in the same MS. Not only is the character of the text completely different, but certain small portions of it occur in each with widely different readings[2]: they were certainly copied from MSS entirely unconnected with each other. With the first section I am not now concerned, and all references to the Cod. Trag. are to be understood to refer only to that portion which contains the *Cena* at full length.

II

I must now deal with the history of the MS as far as it is known to us: and I intend to do so by allowing those concerned in its discovery to speak as far as possible for themselves. I have already given some account of the whole business in the *Transactions of the Biblio-*

---

[1] As an example of its value for the reconstruction of the social life of certain strata at this period, and of the kind of evidence that can be drawn from it, I may perhaps be permitted to refer to my article *The Common People of the Early Roman Empire* in No. 445 of the *Edinburgh Review* (July, 1913). The *Cena* is by far the most important source for the investigation of Latin slang.

[2] This is very clearly and conveniently shewn by Charles Beck, *The Manuscripts of the Satyricon of Petronius Arbiter described and collated* (Cambridge, Mass. 1863) p. 3, who prints the two versions of the coincident passages side by side.

graphical Society vol. x. pp. 165–172[1], to which I would refer those who prefer an account shorter, more continuous, and less *documenté*.

The following extract is taken from a book which is found in various copies with one of the two following title-pages:

Memorie istoriche | di | Tragurio | Ora detto | Traù | Di Giouanni Lucio: | *Dedicate* | *All' Eminentissimo, e Reuerendissimo Signor* | Pietro Basadonna | Cardinale della S.R.C. | [Device of Flora] | In Venetia, Presso Stefano Curti, M.DC.LXXIV. | *Con licenza de' Superiori, e privilegio.* |

Historia | di | Dalmatia, | Et in particolare delle Città di | Traù, Spalatro, | e Sebenico; | Nella quale si contengono le Guerre seguite frà diuersi | Prencipi per causa del detto Regno, e delle dette | Città, & insieme la discendenza de' Rè | d' Vngaria, & altri Prencipi, che | vi hanno dominato. | *Descritta da* | Giovanni Lucio | *Dedicata all' Eminentiss.ᵐᵒ e Reuer.ᵐᵒ Signor* | Pietro Basadonna | Cardinale della S.R.C. | [Device of crown] | In Venetia, Presso Stefano Curti. M. DC. LXXIV. | *Con Licenza de' Superiori, e Priuilegio.* |

p. 531.

Queste sono tutte le persone qualificate, delle quali ho trouato memorie scolpite in pietra, o publicate alle stampe; alle quali aggiungerò il ritrouamento del fragmento di Petronio Arbitro stampato in Padoua l' anno 1664 con questo titolo.

Petronij Arbitri Fragmentum nuper Tragurij repertum

circa 'l quale sono state stampate varie note, dissertationi, & Apologie in Francia, e Germania, che non possono esser ben' intese, se non da chi è conscio della serie del fatto, quale essendo passato per le mie mani, ho voluto nel fine delle presenti memorie riferirlo con punctualità.

Il Signor Dottor Marino Statileo, ritornato dallo studio di Padoua, ritrouò tra li manuscritti del Signor Nicolò Cippico vn Petronio Arbitro in foglio, legato insieme con Catullo, Tibullo, e Propertio, & osseruò, che la cena di Trimalchione (della quale nelli stampati si trouano alcuni pochi frammenti, & interrotti) era intiera: mi portò il libro, & io, insieme col Signor Francesco Dragazzo, lo rafrontai con lo stampato in Amsterdam, che hò in forma piccola, e trouai, che tutto 'l resto di Petronio, fuori della cena, era nello stampato, mà non disposto nello stesso ordine, e nella cena verificai quello, che il Signor Statileo m' haueua riferito, e nel margine dello Stampato con linee, e punti notai li raffronti, & esortai esso Signor Statileo, che rescriuesse la cena, come staua puntualmente con tutti gl' errori d' ortografia, & interpuntioni, e per decoro della patria lo facesse stampare; partito io dalla patria del 1654 participai questo ritrouamento à diuerse persone virtuose in Padoua, e Roma, che mostrarono hauer gran desiderio di vederlo: perciò eccitai con lettere il sopradetti Signori Statileo, e Cippico che lo stampassero; mà questi occupati nelle facende priuate, e nelle publiche per l' vrgenza della guerra col Turco, differiuano ciò à stagione più quieta, sino che capitato a Roma per Ambasciatore l' Eccellentissimo Signor Caualier Pietro Basadonna, e saputo ciò, scrisse all' Eccellentissimo Signor General di Dalmatia che li facesse hauer la copia della predetta cena di Petronio, e la riceuè, la quale da me veduta, conobbi esser di carattere del Signor Statileo predetto, e d' ordine di S. Eccellenza fattala vedere à diuersi; tra questi vi furono alcuni, che dubitarono che possi essere stata finta; la maggior parte però inclinaua à credere d' esser di Petronio, riconoscendo il suo stile, & osseruando, che con questo s' empiuano le lacune dello stampato, & anco alcuni frammenti sparsi per lo stampato, veniuano ottimamente inserti: onde S. Eccellenza diede ordine che fosse stampato in Padoua, & io (che quando furono in Roma li Signori Guglielmo e Pietro fratelli Blaaeù d' Amsterdam, gl' haueua mostrato le linee delli rafronti fatti nel margine del Petronio stampato nella loro Stamparia) feci vna copia della predetta cena, e l' inuiai alli predetti Signori fratelli, accioche la facessero stampare; mà il plicco, per esser grosso, fù per strado intercetto, e capitato in mano del Signor Prencipe di Condè, fù alla presenza sua in Parigi essaminato esso frammento, & doppo molte contese, fù dalli più stimato legitimo. In questo mentre fù stampato in Padoua, e con tutto che da me fusse auuertito lo Stăpatore, che lo stampasse con tutti gl' errori puntualmente, come staua; nondimeno il correttore lo volle coreggere à suo modo, e particolarmente nelli diftonghi; presupponendo egli, che fosse vergogna stamparlo senza diftonghi; non sapendo che nel tempo che fù scritto non si vsassero diftonghi, che furono ripigliati ne tempi posteriori, e che questo era vno delli segni manifesti dell' antichità del manuscritto[2]; Onde sospettai che

---

[1] Some copies of this paper (*The Bibliography of Petronius*) were printed off with a separate pagination: in these the account will be found on pp. 29–36.

[2] Petronii Arbitri Fragmentum Nuper Tragurij repertum. Patauij, typis Pauli Frambotti Bibl. *Super. Perm.* 1664. *Cum Priuilegio.*

Typographus Lectori.

Marinus Statileus Traguriensis, vir diligens, & eruditus, cum olim post absolutum Iurisprudentiæ studium Patauio reuersus in patriam, offendisset in Bibliotheca Nicolai Cippici amici omnibus officijs coniuncti sibi, antiquum volumen, in eoque vna cum carminibus Horatij vulgaris exempli, Satyricon Petronij Arbitri; in quo præter ea,

THE PALAZZO CIPPICO AT TRAU—SIDE GATE

questa correttione mal fatta dae occasione di dussbitare dell' antichità del manuscritto, e per mezzo del Signor Dottor Francesco Difnino feci auuertito il sopradetto Signor Statileo, che sarebbe stato bene, c' hauesse fatto stampare la varia lettione, che è tra'l Petronio stampato, e quello che si trouaua nel manuscritto, oltre la predetta cena, e ch' anco mandasse à Venetia il codice in mano di qualche persona qualificata, accioche potesse esser veduto da chi n' hauesse curiosità, e s' assicurasse che non gli potesse esser opposto d' hauerlo egli finto, o inuentato, come li presagiuo.

Fù ristampato il frammento in Parigi l' istess' anno con le note, ò vero congietture di *Gio: Caio Tilebomeno*, e poi nel 1666 furono stampate dallo stesso Stampatore le dissertationi *De cena Trimalcionis d' Adriano Valesio, e Gio: Christoforo Vvagenseilio*, nelle quali non solo dichiarano falso il frammento, mà parlano con disprezzo della Città, e Cittadini di Traù.

Nell' istesso tempo *Gio: Scheffero d' Argentina lettor in Vpsala* in Suecia stampò la dissertatione *De fragmenti Traguriani vero auctore* insieme con le note molto erudite, le quali furono in Lipsia ristampate, insieme con li scolij di *Thoma Reinesio* autori conosciuti per altre opere da loro stampate, e finalmente in Parigi dall' istesso Stampatore fù stampato vn libro col seguente titolo

---

quæ de opere huius auctoris circumferuntur, plurima notasset noua, neque in impressis legi solita, deliberare apud se cœpit de scripto publicæ literatorum delectationi non inuidendo, cum præter antiquitatem codicis, ad pretium inuenti conferre plurimum videretur, quod liber Hectori quondam Cippico possessus putabatur, huius Nicolai abauo, viro longe doctissimo, magnæque inter suos auctoritatis, & famæ, quemque tradunt literis & optimarum artium gloria proximum floruisse Coriolano Cippico consobrino suo scriptori elegantis historiæ De bello Asiatico, quod Veneti cum Mahomete Secundo Turcarum Principe gessere Petri Mocenici ductu ; cuius quidem scriptoris honorifica mentio extat apud Palladium Fuscum in opusculo De situ oræ Illyrici, & apud M. Antonium Sabellicum De antiquæ linguæ reparatione : cumque id circo satis causæ habere se crederet, ne, quod inuenerat contemnendum putaret, cum doctioribus quibusq; suum consilium, primo in patria, deinde Venetijs, ac Patauij communicauit ; sed in primis cum Ioanne Rhodio profundæ eruditionis, & solidi iudicij viro. & quia res visa omnibus est magni in primis momenti, propter singulare auctoris de puritate, & elegantia linguæ Latinæ meritum, cuius germanum hunc partum vt crederet, multis, atque indubijs argumentis adducebatur ; destinauit commodiori meditationi curam vulgandi scripti, notisque, & castigationibus illustrandi ; sed quoniam suum propositum alijs occupationibus distentus exequi differebat, cruciabatque ea mora multorum doctorum hominum commotos espectatione animos, Venetus ad Summum Pontificem Orator suum ei rei studium, auctoritatemque commodauit : quamuis enim grauissimis vrgeatur negotijs, intentaque, & assidua mentis agitatione opus habeat, vt suo amplissimo muneri, ea, quam omnes in eo admirantur prudentia, consilio, dexteritate respondeat ; studia tamen optimarum artium, pulcherrimum sapienti viro molestis à curis laxamentum existimat : vtque est amantissimus literarum, reique literariæ promouendæ maxime cupidus, egit cum Statileo vehementer, vt saltem exemplum eius partis libri, qua Petronius hic Traguriensis ab exemplaribus vulgatis diuersus est Romam ad se mitteret, quod non tarde, nec operose obtinuit.

Itaque tanti Legati beneficio doctissimi cuiusque in vrbe censuræ subiectus liber, opinionem sui, quam è Dalmatia, Venetijsque ac Patauio atulerat, facilè retinere est visus. Primo, quia antiquitas scripturæ ducentorum amplius annorum (quam illi nemo non tribuit) omni illum suspicione suppositionis liberat, quod ei seculo non adhuc adeo subtiliter saperent sermonis Romani lautitiæ, vt huius auctoris non alia re, quam elegantia commendati, famam, ac nomen tam anxiè ac laboriosè assuere voluerint lucubrationibus suis eruditi viri : Deinde, quod lacunæ pleræque, & hiatus, quibus laborant vulgati codices, egregiè per hæc scripta explentur, & complanantur, & sicubi in ipsis lacunis verba aliqua pauca, nec integræ sententiæ extant, hoc supplemento fuit locis aptata, & suo sensui restituta leguntur ; idemque accidit de narratione casus infelicis illius vitreorum vasorum artificis, quam à Ioanne Sarisberiensi accepimus Petronianam esse : cuiusmodi etiam est eodem auctore porcus Trimalcionis alijs animalibus, atque escis grauidus, qui in hoc fragmento lepidissimè describitur. Accedit res omnium grauissima, stilus non abhorrens à Petronij charactere : Verum quia hoc ipsum nequaquam perpetuum est, nec paucæ dictiones occurrunt insolentes Romanis auribus, ac sententiæ etiam quædam non vsquequaque Petroniani saporis, non nemo est qui dubitat, ne id accidat scripturæ vitio non ex omni parte germanæ : alijs librariorum culpa esse videtur, qui exscribendo alia ex alijs exemplaria errores erroribus accumularint, notasque fortasse in margine librorum inuentas auctoris verbis immiscuerint. Nobis rem in medio ponere consilium est, & iudicio legentium integram relinquere : itaque fragmentum ipsum Statilei eius inuentoris manu diligenter à suo veteri exemplari descriptum, nudum, & quale ab eodem impetratum accepimus, correctis dumtaxat nonnullis grauioribus orthographiæ mendis, publici iuris facere decreuimus ; quo materia præbeatur decoris ingenijs, & huiusmodi linguæ Latinæ munditiarum intelligentibus, in hoc se puluere exercendi, scriptoremq; omnium lepidissimum hàc etiam sui parte à temporis iniurijs vindicandi. Accipe igitur humanissime Lector hunc nostrum, qualiscunque est, laborem, & conatum promouendi pro virili parte Latinas literas boni consule ; operisque elegantissimi integritati, quantum licuit, consultum esse pro tuo ergo bonas artes studio gratulare.

Marini Statilei Traguriensis. I.C. responsio ad Ioh: Christophor. Vvagenseilij, & Adriani Valesij dissertationes de Traugriensi Petronij fragmento
nei quale proua che habbino hauuto poco intelligenza nelle oppositioni fatte ad esso frammento, e manco auuertenza nel modo.

Capitati li sopradetti libri in Roma, furono riceuuti, come è solito, da diuersi diuersamente ; à me premendo particolarmente le parole poco decenti della patria scritte dal Valesio, che quanto alla falsità attribuita al Signor Statileo dal Vvagenseilio, la risposta pienamente satisfaceua, della quale non sapendosene l'autore, fui auuisato dal Sign. Michel Antonio Baudrand Parigino, che il Medico Petit, da me già conosciuto in Roma, l'hauesse composta ; sopra di che, discorsosi più volte tra paesani, il Signor Abbate Stefano Gradi gentilhuomo Raguseo custode della biblioteca Vaticana, parendoli vergogna, che da forestieri fosse intrapresa la difesa del frammento, perciò inuiò al Signor Dottor Statileo li sopradetti autori ricercandolo, che si compiacesse di lasciar veder l'originale, promettendoli d'intraprender la sua difesa, e per mezzo dell'Eccellentissimo Signor General Antonio Priuli l'ottenne.

Capitato il libro in Roma fù fatto vedere à gl'amici, e particolarmente à quelli, che più degl'altri ne dubitauano, e per farlo palese à tutti nel giornale ottauo de Letterati stampato del 1668 fù succintamente narrato il fatto nella forma, che quì intiera hò voluto copiare[1]

OSSERVATIONE FATTA IN ROMA sull' Originale Manuscritto, da cui fù cauato il Frammento di Petronio, stampato in Padoua dal Frambotti.

Questo nuouo Frammento comparso alla luce in Padoua nel 1664, si ristampò in Parigi colle Note di Gio: Caio Tilebomeno nel 1666. doue fù riceuuto diuersaméte da i Letterati. Giouan Christoforo Vagenseilio, e Hadriano Valesio lo condannaron per falso, e sopra di ciò stamparono due Discorsi. Oppose il primo, esser egli molto lontano dalla purità, & eleganza dello stile di Petronio ; hauer molti vocaboli barbari, modi di dire non latini, alcuni cauati dall' Idioma Italiano, & altri dalla Sacra Scrittura ; e finalmente non adattarsi le cose narrateui alla persona di Nerone, come si douerebbe : essendo, à suo parere, la Satira di Petronio vn' Imagine della dissolutezza di quest' Imperadore, introdottoui sotto nome di Trimalcione. Il Valesio poi pretese, che vi fossero per entro molti sollecismi, o barbarismi, frasi tolte dalla lingua Francese, racconti fuor di proposito, e indegni di Petronio, e sopra tutto molte parti, che malamente s'accordano con gli antichi costumi : asserendo ancora con quest' occasione, l'Autore della Satira, che habbiamo non esser quel Petronio, di cui parla Tacito, mà vn' altro, che visse al tempo dell' Imperador Marc' Aurelio.

Altri nella medesima Città di Parigi scrissero à fauore del Frammento, e in particolare vn certo sotto nome di Marino Statileo (à cui ne fù ascritta la publicatione) ha risposto à tutte le oppositioni fatte da i suddetti Autori, mostrando frà l'altre cose, che i vocaboli riprouati da essi, come strauaganti, ed improprij, sono stati vsati da gli antichi Autori latini, e che Petronio non è di Marsilia, come aserì il Valesio, ne coetaneo ad Apuleo, mà più antico. Queste sono le trè Scritture vscite alla luce in Parigi sopra questa materia molto agitata, com'è fama, dagli huomini eruditi di quella Città, a segno che Soggetto di altissima conditione, nè meno chiaro al mondo per l'eruditione, e dottrina di quello che sia per sangue, e attioni ; volle, che se ne facesse in sua presenza vna conferenza, e sentite con applicatione le ragioni dell'vna, e dell'altera parte, diede il suo voto à fauore della Scrittura.

Sono vscite anco due altre Scritture, vna in Vpsalla di Giouāni Scheffero, e l'altra in Lipsia di Tomaso Reinesio, nelle quali tutti due danno giudicio ò fauore del Frammento, ò almeno che buona parte di esso sia di Petronio. Vi fanno Note molto erudite, dando a i vocaboli stimati barbari interpretatione greca, ò latina. Lo Scheffero nel discorso, che premette alle Note, sicome il Reinesio nel suo, porta le obiettioni, che si posson fare al Frammento, colle risposte adeguate : dalle quali si raccoglie non douersi riprouare il Frammento, perche v'habbiano parole, ò frasi non vsate da altri, essendo che in Cicerone medesimo se ne trouano alcune, che non si crederebbero sue, se in esso non si leggessero. Nè meno perche le cose narrateui non corrispondano a i costumi Romani, poiche la cosa si finge farsi in Colonia, e non in Roma ; e quindi forse anche auuiene, che Petronio si è seruito di tanti vocaboli Greci.

Il Chimentelli pure hà parlato di questo Frammento nel suo Libro *De Honore Bisellij*, & affermato, che in molte cose si somigliantissimo allo stil di Petronio, benche dissimile in alcun' altre[2].

---

[1] As Lucio made one or two verbal slips in copying the report, I have preferred to print it direct from "Il giornale de letterati *Di Francesco Nazari*" for 27 August 1668, p. 105.

[2]   Val. Chimentellus I.C. : *Marmor Pisanum de honore bisellii.* Bononiae 1666. p. 118.

In Traguriano Fragmento Petronij nuper edito inter alia legimus *artisselium de suo parauit, & duas trullas.* Loquitur de seruo frugi, qui genium suum defraudans, de quotidiano demenso miser comparserat, paupertinam sibi parans supellectilem, artisselium, & duas trullas. Inaudita vox artisselij, vt multae aliae in hoc scripto....Quod autem ex Petronij ἀποσπασματίῳ verbi monstrum inauditi deprompserim, nolim mihi vt vllus apud seueros criticae rei phrontistas dicam impingat. Esto nasutiorum de hoc fragmento iudicium, quod non pauci minantur : ego interim aio pleraq. illic auctorem prodere, suumq. referre genitorem Petronium. Talia ipsi lineamenta, tales ductus

Hora perche à leuar ogni sospetto, che in questo affare ni fosse stata fintione, sommamente importaua, che si mettesse sotto l' occhio d' huomini eruditi il Codice, da cui s' asseriua cauato, accioche potessero far giudicio dell' antichità sua: si è posta di mezo la generosità dell' Eccellentiss. Sign. Antonio Priuli Proueditor Generale di Dalmatia, il quale hà ottenuto dal Sign. Statileo, che si mandasse in mano dell' Eccellentiss. Sign. Antonio Grimani Ambasciador Veneto, e sotto sua fede si consegnasse al Sign. Lorenzo Grimaldi Gentilhuomo Bolognese, Amico del sudetto Eccellentiss. Sign. Priuli, in casa del quale hora si troua esposte à chiunque lo vuol vedere. Contiene questo Codici i versi di Tibullo, Propertio, e Catullo (che per equiuoco lo Stampatore di Padoua disse d' Horatio) e dopo, l' Esemplare di alcuni Frammenti di Petronio, con questo titolo in carattere rosso :

PETRONII ARBITRI SATYRI FRAGMENTA EX LI-
BRO QVINTODECIMO, ET SEXTODECIMO.

Si sono notate molte lettioni varie non solo da gli altri Petronij già stampati, mà etiamdio dal Frammento di Padoua, come queste frà l' altre. Nello stampato da Guglielmo Blaeu 1626. pag. 8. v. 25. si legge, *basiauit me spissiùs, & capillos meos* ; e in questo Manuscritto si legge *basiauit me spissiùs, & ex lachrymis in risum mota descendentes ab aure capillos meos.* Nel Frammento di Padoua si legge, *Dij pedes habent lauatos, Iouē Olympum* : e nel Manuscritto, *lanatos, Olympium,* conforme nelle sue Note emendò dottamente lo Scheffero : di più Trimalcio v' è scritto sempre con l' aspiratione, *Trimalchio.*

L' hanno veduto molti huomini intelligenti, i quali hauēdolo considerato conuengono in darli l' età non solo di 200. mà di 300. anni : essendosi frà l' altre cose auuertito, che tanto nella qualità della carta, quanto nella forma del carattere è somigliantissimo à vn Codice della Biblioteca Vaticana, che si sà per certo essere scritto di mano del Petrarca. Con che euidentemente si mostra, ch' il Codice di questo Frammento sia stato scritto verso i tempi del Petrarca, che fiorì nel secolo decimo quarto : e s' esclude affatto, che la scrittura sia stata supporta dal Sig. Statileo. Mà che ne anco ciò fosse fatto da altri, lo conuince la medesima antichità del codice scritto indubitatamente in tempo, che non v' erano huomini atti à potere imitare lo stile di quest' Autore.

Quanto allo stile di questo Frammento, alcuni Eruditi hanno auuertito, che in quella parte, nella quale parla lo stesso Autore, ò sia l' Interlocutore ordinario dell' Opera, tanto le parole, quanto i concetti, sono elegantissimi, nè punto inferiori di quelli che si leggono in Petronio, che v' per le mani. Il rimanente sono discorsi d' huomini vili, e della feccia del volgo, Amici di Trimalcione quando era in bassa fortuna ; e di Trimalcione medesimo, rappresentato da Petronio per esemplare d' vno di quelli che da bassi principij sono improuisamente solleuati dalla fortuna à stato di ricchezze nō meritate ; inducendolo à far di se stesso vna sciocca ostentatione, la quale nell' istesso atto d' affettar l' eleganza, e la gentilezza, con fare anche il dotto, e l' erudito, più che mai rozzo, e sordido lo dimostra. Le parole dunque, e i modi di dire conuenienti à questa sorte di persone dicono questi Eruditi non esser merauiglia, se sono barbari, & improprij, e i concetti pieni di rusticchezza, e tutte le forme del parlare lontane dal genio di Petronio ; mentre in questo luogo così portaua l' argomento, e l' istituto dell' Autore : come può raccogliersi dalle poche frasi, che si mettono in bocca di queste medesime persone nello squarcio de' Frammenti, che sono nell' opere prima stampate.

Vno[1] di questi giornali inuiai al sopradetto Sign. Baudrand à Parigi, accioche lo mostrasse al Valesio, & Vagenseilio ; mi rispose ch' il Vagenseilio non era in Parigi, e ch' il Valesio era restato confusissimo, presupponendo egli, che non ci fosse originale di sorte alcuna.

Altri gentilhuomini Francesi, che viddero il fragmento, scrissero d' hauerlo veduto, e riconosciuto di carattere antico sopra 200 anni, fù copiato tutto quello si troua di Petronio nel predetto manuscritto con ogni puntualità, & il Sig. Abbate Gradi sopradetto formò l' Apologia per nome del Sig. Statileo ; alla quale, non solo rintuzza la poco auueduta petulanza del Vagenseilio ; mà anco con bellissima maniera fa vedere al Valesio, che l' hauer parlato con poco rispetto delli Traurini, non corrisponde all' opere stampate da lui, e dal suo fratello ; e questa Apologia, insieme con la copia di Petronio, e varia lettione collo stāpato in Padoua fù da me inuiata in Amsterdam del 1668 accioche fusse stampata come seguì del 1670 con la mia lettera & dedicatione al Principe di Condè, nella quale viene accennato il sopranarrato smarrimento del plicco, e se bene io haueuo auuertito li fratelli Blaeu che facessero stampare insieme tutto quello era stato stampato in Parigi, e Lipsia pro, e contra il fragmento, accioche in vn

---

in satyrico reliquo. Sed multa quoq. fateor dissimilia ; quae à mala fortasse excriptoris, aut scioli manu, aetatisq. barbarie. Vocabula illic insolentia, & lexeis monstrosae : nec pauca Italicum, ac vulgarem nobis spirantia genium sermonis. Sed recordemur tamen, communes quasdam notiones, sensusque nulli non dedisse naturam, magnumq. mundi codicem expliciisse, atque ingentem aperuisse officinam, ad quam omnes ingenio possint, atq. oculis intendere ; obseruatam illic, adnotatamq. rerum dicendarum materiem colligere : Eoque pacto in morum, vitaeque humanae societate, ac similitudine abundè reperire, quod mentem instruat, mox linguae officio in sermonis copiam, & apparatum effluat.

[1] Lucio's own narrative is here resumed.

volume vi fosse tutt' il seguito, e meglio potesse intendersi l' Apologia ; nondimeno non hanno voluto stampar altro, perche haueuano precedentemente stampato Petronio intiero *cum notis variorum*, nel quale vi è anco il fragmento *Traguriense* con varie note.

Così la fortuna hà fauorito il Signor Dottor Statileo, che da penne tanto erudite sia stata intrapresa la sua difesa, & insieme la patria è stata con tal occasione molto per le stampe nominata ; douendo sempre professare grand' obligo ogni Patriotto al Sig. Abbate Gradi, che con tanta honoreuolezza ha difeso la Patria dalle calunnie de maldicenti.

I am not here concerned with the opinions of the scholars of Europe, beyond the account given above by Lucio, as to the genuine quality of the Fragment (serious controversy ceased soon after the exact copy printed by the brothers Blaeu in 1670), but return to the history of the MS itself. It returned safely to Trau, where it was seen early in July 1675 by the travellers Jacob Spon and George Wheler. Here are the accounts which they give of their visit of inspection :—

Jacob Spon, *Voyage d'Italie...* Lyon, 1678, Vol. i. p. 95.

Au reste nôtre Galere ne vint pas donner fonds à Traou, mais nous prîmes à Spalatro une Barque pour y aller. Ce fut principalement pour y voir un manuscrit qui a fait grand bruit dans la Republique des Lettres il n'y a pas fort long-temps. C'est un fragment de Petronius Arbiter, qui manquoit à ses ouvrages imprimez. Comme on n'avoit jamais vû cette piece, on s'imagina qu'elle étoit supposée, & un jeu d'esprit de quelque Sçavant, qui avoit imité le stile de Pétrone. Monsieur de Valois étoit un de ceux qui la tenoient pour suspecte, mais Monsieur Lucius & l'Abbé Gradi de Rome étoient de ses partisans. Ainsi, côme s'il eût été question de reconnoître un Prince, l'Europe étoit divisée en trois partis. L'Italie & la Dalmatie la portoient, la France & la Hollande la desavoüoient, & l'Allemagne se tenoit neutre ; car la docte Reinesius fut un commentaire sur ce manuscrit, sans oser neantmoins rien prononcer sur son antiquité. Monsieur le Docteur Statilius, dans la Bibliotheque duquel cet original se trouve, est un homme de merite, qui en auroit pû parler pertinemment, si ses maladies ne l'en eussent empêché ; & Monsieur de Valois a eu tort de le prendre pour un jeune homme, puisqu'il est du moins presentement âgé de soixante ans. Je ne veux pas remuer les cendres de cette guerre, quoyque l'effet n'en pût pas être si funeste que de celle des Grecs & des Troyens, mais je ne laisseray pas d'en rapporter ce que j'en ay remarqué. Ce manuscrit est infolio épais de deux doigts, contenant plusieurs traitez écrits sur du papier qui a beaucoup de corps. Tibulle, Catulle & Properce sont au commencement, & non pas Horace, comme s'est trompé l'Autheur de la Preface imprimée a Padoüe. Petrone suit de la même main, & de la maniere que nous l'avons dans nos Editions. Aprés, on voit cette piece dont il est question, intitulée *Fragmentum Petronij Arbitri ex libro decimo-quinto, & sexto-decimo*, où est contenu le Souper de Trimalcion, comme il a depuis été imprimé sur cét original. De Salas Espagnol, qui a commenté cét Autheur fait mention d'un quinziéme & seiziéme Livre, mais il ne dit pas où il l'a vû. Le Livre est par tout bien lisible, & les commencemens des Chapitres & des Poëmes sont en caracteres bleus & rouges. Pour ce qui est de l'antiquité du manuscrit, il ne faut que s'y connoître & le voir pour n'en pas douter, & l'on doit en cette rencontre ajoûter plus de foy aux yeux qu'au raisonnement. M. le Doct. Statilius nous fit faire une remarque que les autres n'avoient pas faite ; c'est que sous la page 179. l'année qu'il a été écrit est marquée de cette maniere : 1423. 20. Novemb. Ce siecle-là n'avoit pas des esprits si bien faits que Petrone, pour pouvoir se déguiser soûs son nom.

George Wheler, *A Journey into Greece*, London 1682, p. 23.

But the chief reason that made us take this days Voyage[1], was to see a Manuscript, that hath made much noise among the Learned concerning its Antiquity ; to wit, the fragment of *Petronius Arbiter*, which was wanting to his Works : Because for some ages this piece had not been seen, it was held to be the fruit of the brain of some ingenious person, who had tried to imitate *Petronius* his Stile. Among others, Monsieur Valois was one, that esteemed it fictitious : But Signor Lucia, and the Abbot Gradi at Rome were of the contrary opinion ; the first of whom had undoubtedly seen the Manuscript, Trau being his native Country. The Manuscript is in the hands of Dr. *Statelius*, a man of parts and learning, but sickly ; not a young man, as Monsieur Valois stiles him, with more pride than good manners ; for he is near Threescore years old, and a grave and sober person, who, it may be, thinks it not worth his pains to answer Monsieur Valois, whose arguments can be but of little force against the credit of sight. The Remarks that I made of it, are these.

The Manuscript hath Tibullus, Catullus, and Propertius at the beginning, and not Horace, as the Preface to the Padua-Edition affirmeth. In Propertius is to be noted the *Cognomen Nautæ*, that Scaliger taketh notice of in his Notes.

---

[1] From Spalatro to Trau.

After these followeth in the same hand, and on the same sort of paper, eaten alike by the Worms, on the corners of the Margent, *Petronius Arbiter*, as it is printed ; whose Title, written in red Letters, is as followeth :

Petronius Arbiter.
Petronii Arbitri Satyri fragmentum ex
Libro Quinto Decimo, & Sex-
to Decimo.

In which, among others, the *Cœna Trimalcionis* is very amply related, as it is printed at Padua, and in Holland. After which, in a more modern hand is written *Claudian*. Dr. Statelius made us also take notice, that in the end of Catullus (which is of the Book pag. 179.) at the lower corner of the Margent (the corner of which is eaten off with the Worms, with several other leaves) is the Date, written in the same ancient hand with the *P. Arbiter*, Thus :

1423. 20. *Nobr.*
Chapt. 6. *Vers.* 200.

The history of the MS between this date and the time of its arrival in Paris is rather obscure. Ten years later it was in the library of Lorenzo Statileo, the son of Marino, at Modena :

Joh. Mabillon and Michael Germain, *Museum Italicum*, Paris, 1687. Vol. I, part i, *Iter Italicum*, p. 202. [May, 1686.] Postquam Mutina discessimus, V. C. Laurentius Statilius ex eadem urbe litteris nobis significavit, penes se esse Petronii Arbitri fragmentorum exemplar, quod doleret nobis visum haud fuisse, cum Mutinae versaremur. Qualis sit.codex ille, exponit in itinere suo Dalmatico Jacobus Sponius, qui Tragurii in Dalmatia eum inspexerat apud Marinum Statilium, Laurenti patrem. "Tibullo," inquit Sponius, "Catullo, & Propertio subjungitur fragmentum Petronii Arbitri ex libris quinto-decimo & sexto-decimo. Exaratum est exemplar anno MCCCCXXIII." Certent quantum volent litterati viri de auctore illius fragmenti, quod nonnulli Petronio abjudicant. Nobis vero ejus inspectione caruisse non gravis dolor est, quibus Petronii genium & stilum ignorare convenit. Hic in mentem venit P. Guirandi Alosiani epistola ad Andream Arnaudum, in qua multum improbat novam Petronii editionem. *Hei mihi*, inquit, *quam pessimo exemplo talia duce donantur, & quam carissimo precio hae vetustatis reliquiae & cineres nobis emuntur*! Epistola haec[1] locum habet inter philologicas, a Goldasto editas, certe homine Christiano digna.

The fate of the MS in the years immediately succeeding this may be found in the last paragraph of Montfaucon's account of it, which is as follows :

B. de Montfaucon, *Bibliotheca bibliothecarum manuscriptorum nova* (Paris 1739). Vol. II, p. 758. 5623[2] Hic Codex, quem ego Bibliothecae Regiae acquisivi anno 1703. ingentium literatos inter concertationum causa fuit, occasione Petronii, & fragmenti illius Traguriani, in quo insignis illa Coena Trimalchionis.' De disceptationum & pugnarum primipilaribus quaedam proferam, postquam de ipso codice & de fortunis ejus nonnulla praemisero.

Hic Codex Tragurii in Dalmatia diu latuit in aedibus Cipicorum, quorum nomen in primo folio legitur. Licet autem inter Cypicos quidam eruditione claruerint, non tamen adverterunt illi se in gaza sua literaria tanti precii opus habuisse. Codex in-folio in charta papyrea continet 1⁰ Tibullum, qui pag. 49. desinit. Deinde Propertium, qui p. 132. Postea Catullum qui p. 179. terminatur. In hac vero ima pagina notatur quo anno Codex fuerit, sic : 1423. *di* 20. *Novembre*. Postea sequitur Sappho ad Phaonem eadem manu scriptum Carmen, quod pag. 184. terminatur. Deindeque eadem & prima manu, *Petronii Arbitri Satyri fragmentum, ex libro quinto-decimo & sexto-decimo*. Est autem Petronius qualis antea typis datus habebatur ; sed ita ut obscaena & παιδεραϛίαν spectantia omnia sublata fuerint. Sicque totum in brevissimam epitomen redactum est. Desinit vero p. 205. ubi sic legitur : *Petronii Arbitri Fragmenta expliciunt ex libro quinto-decimo & sexto-decimo.* Pagina sequenti 206. incipit convivium, seu Coena Trimalchionis sine titulo his verbis : *Venerat jam tertius dies*, id est, *expectatio liberae coenae*. Omnia prima eademque manu scripta sunt usque ad finem fragmenti Petroniani, quod pag. 229. terminatur. Eadem pagina, eademque manu incipit, Moreti liber Virgilii pueri, qui desinit p. 232. ubi legitur, *Moreti liber Virgilii pueri explicit.* Pag. 233 longe recentiore manu, Claudiani Carmen de Phoenice, & hic terminatur codex.

Diu, ut diximus, Tragurii latuit hoc Petronii opus, qui prior animadvertit in hoc Codice Trimalchionis coenam hactenus ignotam haberi. Fuit vir Cl. Statilius, qui postea codicem istum adeptus est. Urgentibus autem bene multis ut opus illud in lucem proferret, instante etiam Alexandro VII. Summo Pontifice, Petronium, his auctum, Typis dedit anno 1664. Eodemque anno Lutetiae cusum fuit opus istuc ad fidem Patavinae editionis.

Fama operis per Europam statim involavit. Nec defuere viri docti, qui putarent convivium coenamque Trimalchionis opus esse supposititium. Caeteris ardentior Waggenselius in libello Lutetiae anno 1666. edito audacter

---

[1] *Philol. epistolarum centuria una*, Francofurti 1610, p. 391, ep. xcviii.

affirmavit, non modo spurium opus illud esse ; sed etiam ipsius Statilii manu & opera confarcinatum fuisse. Hadrianus quoque Valesius, opus illud supposititium esse pugnavit, sed erga Statilium longe moderatior fuit. Hinc orta pugna, hinc bellum litterarium. Contra Waggenselium & Valesium stabant, Abbas Gradius, Lucius & Statilius, tres Dalmatae[1] docti viri. Reinesius in Germania in hunc Codicem manuscriptum Commentaríum edidit, neque ausus est proferre spurium-ne, an germanum opus esse putaret.

Statilius vero, qui maxime omnium impetebatur, libellum Apologeticum emisit eruditissimum, qui ad calcem Petronii, qualis est in Traguriano Codice, cum erratis & mendis, Amstelaedami cusus fuit anno 1670. Apologeticus ille Statilii felici cum exitu per orbem literarium exceptus fuit. Multi, qui contra steterant, Traguriani Manuscripti γνησιότητα agnoverunt. Certe sola codicis inspectio ad veram sanamque sententiam reducere potest. Scriptus fuit anno 1423. quo tempore, quis opus istiusmodi concinnare potuisset? Ad haec vero, tot librariorum mendis respersus est in hoc codice Petronii liber, ut statim perspiciatur, nonnisi per longam temporum seriem haec induci potuisse a diversis scribarum manibus. Verum quod omnem suspicionem eliminare valeat, ut observavit Statilius, Joannes Salisberiensis, qui annis antehac circiter sexcentis scribebat, loca commemorat ex coena Trimalchionis quae in fragmento Traguriano occurrunt.

Quod spectat autem dictiones & verba nonnulla, quae non Latina esse dictitabant hujus operis impugnatores, optime probat Statilius, haec verba vel a Cicerone, vel a caeteris prisci aevi Scriptoribus usurpari, si pauca loca excipiantur, quae ab amanuensibus ut palam est, corrupta fuere. Uno verbo immissa tela, tam docte repulit Statilius, ut vel ipse Hadrianus Valesius, qui Trimalchionis coenam impugnaverat, se mutavisse sententiam non obscure significet in Praefatione ad Petronium cusum Lutetiae anno 1677.

Quo pacto autem codex iste in Bibliothecam Regiam venerit, hic paucis narrabo. Post Statilii obitum codex incidit in manus Dalmatae, qui, se sperans hujus ope codicis ad ampliorem fortunam evehendum, Romam venit. At cum res non ex voto succederet, deficiente pecunia librum coactus est pignori dare Petro Paulo Mariano. Cumque librum postea reddita pecunia recipere nihil curaret, Marianus D. Abbati de Louvois Romae tunc versanti, librum pro Bibliotheca Regia venumdare voluit ; sed tam grandi pecuniae summa, ut conditionem accipere ille non potuerit. Post mortem Mariani, amici cujusdam opera id effeci, ut a Mariani heredibus liber pro Bibliotheca Regia moderatiori precio daretur anno 1703.

It is not certain from this account whether the "Dalmata" was Lorenzo Statileo himself, who had got into difficulties and pledged it to Pietro-Paolo Mariani : it seems on the whole more probable that this was not the case, and that the "Dalmata" was a speculator who had obtained it from him or after his death. The following account of its acquisition is little more than a paraphrase of that of Montfaucon :

Reflexions sur les ouvrages de Literature. Tome huitiéme. Paris, 1739, p. 104.
Le P. de Montfaucon donne une notice exacte du Manuscrit, à la fin duquel on trouve Petrone, avec la description du festin ou souper de Trimalcion ; ce Petrone avoit demeuré long-tems caché à *Trau* en Dalmatie dans la famille des Cipiques, dont quelques-uns ont été des Sçavans illustres ; mais ils ne sçavoient point qu'ils possedoient un Ouvrage d'un si grand prix. Statilius devenu possesseur de ce Manuscrit, fut le premier qui y découvrit le festin de Trimalcion. Pressé par un grand nombre de Gens, & même par le Pape Alexandre VII. de publier l'Ouvrage de Petrone avec cette augmentation, il l'imprima à Padoüe en 1664, & on en fit une pareille édition à Paris. Ce festin de Trimalcion fut regardé comme supposé par des Sçavans. Wagenseil plus échauffé que les autres, osa même soutenir dans une Dissertation imprimée à Paris en 1666, qu'il avoit été forgé par Statilius même ; Adrien de Valois se contenta de dire que l'Ouvrage étoit supposé ; mais il en usa avec plus de modération envers Statilius. Ce fut-là le prélude d'une guerre Litéraire ; l'Abbé Gradi, MM. Lucius & Statilius, trois doctes Dalmates, se déclarerent contre Wagenseil & Valois. Reinesius publia en Allemagne un Commentaire sur ce Manuscrit, mais sans dire s'il regardoit ce morceau comme vrai ou supposé. Statilius qui étoit le plus fortement attaqué, composa une sçavante Apologie, qui fut imprimée à Amsterdam en 1670, à la fin de Petrone, tel qu'il est dans le Manuscrit de *Trau*, avec les fautes de l'original. Plusieurs de ceux qui avoient été d'un autre sentiment, reconnurent l'authenticité de ce Manuscrit, dont la seule inspection conduit au vrai. Il fut copié en 1423, auquel tems personne n'étoit capable de faire un pareil Ouvrage. D'ailleurs, ce Manuscrit de Petrone, est rempli de tant de fautes, qu'on voit d'abord qu'elles n'ont pû y être fourrées que dans le cours de plusieurs années, par divers Copistes. Mais ce qui peut ôter tout soupçon, c'est, comme l'a remarqué Statilius, que Jean de Salisbury, qui écrivoit six cens ans auparavant, cite des passages du souper de Trimalcion, qui sont dans le Manuscrit de *Trau*. Statilius fit encore voir que les expressions qu'on disoit n'être point Latines, sont ou dans Ciceron, ou dans des Ecrivains anciens, à l'exception de quelques endroits visiblement corrompus par les Copistes.

---

[1] It will be remembered (p. 3) that Lucio was less angry with Wagenseil for doubting the authenticity of the *Cena* than for "speaking with disparagement of the city and citizens of Trau."

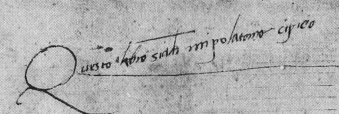

Q libro .... in folatione ciprico

Albii Tibulli poete illustris liber incipit. Et prima prohemium. qui
spreta diuitiis atque militia Deliam amet. Et amori prorsus
seruire velit. Liber primus ~

O Diuitias alius fuluo sibi congerat auro .
Et teneat culti iugera magna soli .
Quem labor assiduus uicino terreat hoste .
Martia cui sompnos classica pulsa fugent .
Me mea paupertas uite traducat inerti .
Dum meus assiduo luceat igne focus .

Ipse seram teneras maturo tempore uites .
Rusticus & facili grandia poma manu .
Nec spes destituat sed frugum semper aceruos
Prebeat & pleno pinguia musta lacu .
Nam ueneror seu stipes habet desertus in agris .
Seu uetus in triuio florida serta lapis .
Et quodcunque mihi pomum nouus educat annus .
Libatum agricole ponitur ante deum .
Flaua ceres tibi sit nostro de rure corona .
Spicea que templi pendeat ante fores .
Pomosisque ruber custos ponatur in ortis .
Terreat ut seua falce priapus aues .
Vos quoque felicis quondam nunc pauperis agri .
Custodes fertis munera uestra lares .
Tunc uitula innumeros lustrabat cesa iuuencos .
Nunc agna exigui est hostia parua soli .
Agna cadet uobis quam circu rustica pubes
Clamet io messes & bona uina date .
Iam modo iam possim contentus uiuere paruo .
Nec semper longe deditus esse uie .
Sed canis estiuos ortus uitare sub umbra
Arboris ad riuos pretereuntis aque .
Nec tamen interdum pudeat tenuisse bidentes .
Aut stimulo tardos increpuisse boues .
Non agnam uel si sinu pigeat ferre uel capelle
Desertum oblita matre referre domum .
At uos exiguo pecori furesque lupique
Parcite . de magno est preda petenda grege .
Hic ego pastoremque meum lustrare quot annis .
Et placidas soleo spargere lacte pales .

Effossos oculos voret atro gutture coruus ·
Intestina canes cetera membra lupi ·
Iucundum mea vita mihi pponis amorem
Hunc nostrum int nos / ppetuusq; fore ·
Dij magni facite ut vere pmittere possit ·
Atqz id sincere dicat & ex animo ·
Vt liceat nobis tota pducere vita /
Eternu hoc sancte fedus amicicie ·
Aufillena bonu semp laudantur amice
Accipiut pciuz que facere instituut —
Tu quod pmisisti qubd mentita inimica es
Qt nec das nec fers sepe facis facinus ·
Aut facere ingenue est / aut non pmissa pudice ·
Aufillena fuit sed data corripere ·
Fraudando effecit plusqz meretricis auare
Que sese tota corpore prostituit ·
Aufillena viro contentam uiuere solo
Nuptar laus est laudibz eximijs ·
Sed cuius quis potius subcube pars est
Qz matres fratres ex patruo ·
Multis homo est naso / neqz tecu multus homo est ·
Descendit naso multus es & patcus ·
Consule pompeio pmu duo cinna solebant ·
Mecilia facto consule nuc iteez ·
Manserut duo · sed creuerut millia in vnu
Singulu fecundus semen adulterio ·
Firmanus saluus non falso mentula diues
Fert ; qui qtot res in se habet egregias ·
Aucupiam · omne genus piscis · prata arua ferasqz
Nequicqz fructus sumptibz exuperat
Quare cocedo sit diues dum omia desint ·
Saltem laudemus · dum tamen ipe egeat ·
Mentula habet instar triginta iugera prati ·
Quadraginta arui · cetera sunt maria ·
Cur non diuitijs cresus supare potuisset /
Vno qui in saltu tot moda possedeat ·
Prata arua / ingentes siluas / saltusq; paludes
Vsq; ad hyboreos & mare ad occanum ·
Omia magna hec sut · in ipe si maximus ultor
Non homo / sed vero mentula magna minax ·
Sepe tibi studioso animo venante requires
Carmina uti possem mittere battiade ·
Qui te lenirem nobis neu cunareze
Telis infesta mitteremus qt caput ·
Nunc video mihi frustra sumptus esse labores ·
Gelli · nec nostras hinc valuisse preces ·
Contra nos tela ista tua euitabimus amicta
Affixus nostro tu dabis supplicium   ≈ ~ Versus ~ Rpprvj ~

En un mot, ce Sçavant repoussa si heureusement les traits lancés contre lui, qu'Adrien de Valois dans sa Préface du Pétrone imprimé à Paris en 1677, donna à entendre qu'il avoit changé de sentiment.

Après la mort de Statilius, le Manuscrit tomba entre les mains d'un homme de Dalmatie, qui vint à Rome, dans l'espérance d'y faire fortune par le moyen de ce précieux monument. Mais n'ayant pû réüssir, & pressé par le besoin d'argent, il le donna en gage à Pierre-Paul Mariani ; celui-ci voulut le vendre pour la Bibliothéque du Roi à M. l'Abbé de Louvois, qui étoit alors à Rome ; mais le prix en étoit si exorbitant, qu'il refusa de l'acheter. Après la mort de Mariani, le P. de Montfaucon fit en sorte, par le crédit d'un de ses amis, que les heritiers le vendissent en 1703 pour la Bibliothéque du Roi, à un prix plus raisonnable. Ce détail Litéraire m'a paru digne d'entrer dans cette feüille.

In any case the date of the acquisition of the MS of the Royal Library is correct, for it still bears the note *Emptus Romae a.* 1703, and Paris has been its home for the past two centuries.

Its history is therefore fairly well known to us from its discovery in the middle of the 17th century to the present day. Do we know anything of its history *before* its discovery by Marino Statileo?

It is certain from Lucio's account that it was found among the books of Niccolò Cippico, presumably in the Palazzo Cippico, of which I am able to reproduce two admirable photographs, shewing the front and a side entrance, by the kindness of my friend Mr E. Ph. Goldschmidt of Vienna, who kindly took them for me when on a bibliographical tour in Dalmatia : according to the preface of the Paduan publisher, Frambotti, it had belonged to Niccolò's grandfather, Ettore Cippico : and it will be seen that on p. I of the MS there is written in what looks like a sixteenth-century hand *Questo libro siach mi polatonio cipico*. We may therefore conclude that it had been for some time in the Cippico family ; but we have no evidence as to what happened to it or where it was for a century or more after it was written in 1423: once in the 16th century it may have been pledged to a Jewish pawnbroker named Leo, for on the last page are some verses "to Leo, a Hebrew ":

Omnia deposui, superest hec sola lacerna

Quae rogo scit (*i.e.* sit) curae nunc tibi, blande Leo.

Non ut conserves charies ne devoret illam

Sed pocius pestis ne tua fenus edat.

III

As to the genesis of the Cod. Trag. we are able, without being certain, to make an interesting conjecture. The MS, as appears from the note[1] on p. 179, was being written in November 1423. On May 28, 1423, Poggio wrote from Rome to Niccolò Niccoli[2]: " Allatus est mihi ex Colonia xv. Liber Petronii Arbitri, quem curavi transcribendum modo, cum illac iter feci." Now, as I have previously mentioned, the first part of the Petronius in Cod. Trag.— that immediately preceding the *Cena*—is the only MS of the *Satyricon* in which it is stated that the fragments come from the fifteenth and sixteenth books: it is therefore quite justifiable to hazard the conjecture that the Cod. Trag. was the copy made for Poggio from a Cologne MS of Petronius, or one taken immediately from it.

But Professor A. C. Clark[3] has made a further suggestion, which, if correct, as it well may be, adds greatly to the interest of Cod. Trag. The letter to Niccolò Niccoli quoted above goes on: "Mittas ad me oro Bucolicam Calpurnii et particulam Petronii quas misi tibi ex

---

[1] This inscription reads

1423 di 20 nobr pc....

epte 60 verſs 229....(the 9 is doubtful).

R. Sabbadini (*Riv. di Fil.* xxxix. 249) makes various interesting suggestions as to *perc* : it is possible that the perishing of the paper in this place has robbed us of important information as to the writer. Sabbadini (whose knowledge in these matters is probably unique) mentions various possible scribes only to reject them, and is finally inclined to think that we should complete *perc* as *percensui.*

[2] *Poggii Epistulae*, ed. Tonelli i. p. 91.

[3] *Classical Review*, xxii. p. 178.

Britannia": and three years before (June 13, 1420) he had written to the same correspondent[1] *from London*: "De Petronio Arbitro quod scire cupis quid tractet....Est autem homo gravis versu et prosa constans." These two passages taken together hardly admit of any other conclusion than that Poggio discovered a MS of part of the *Satyricon* in England: and Professor Clark then proceeds: "The conclusion suggested is one of great simplicity: viz. that the *particula* discovered in England was the *Cena*, while the Cologne MS, copied by Poggio's order, belonged to the vulgar family. The Trau MS combines these." He goes on to suggest that the MS must have been stolen— a common event in the literary activities of the Italian humanists—and intentionally secreted.

If the English *provenance* of the original of the *Cena* be a probable supposition, it will go some way to explain a curious difficulty in the literary history of Petronius in the Middle Ages. John of Salisbury, the famous bishop of Chartres in the 12th century, was a great admirer of Petronius, and quotes him at least twenty times[2]: of these three citations are from the *Cena*, otherwise unknown until the discovery of the Cod. Trag. If the original of the Cod. Trag. were at this time in England, John may have had access to it, and an explanation of his knowledge of otherwise unknown parts of the *Satyricon* would thus be afforded.

It will not be easy to go far behind the immediate ancestor of the Cod. Trag. There are a few possible indications that the writer of this immediate ancestor, or of some near predecessor, was an ecclesiastic.

211_{28} *abbas* secreuit *for* ab asse creuit.

219_9 *sathana* tibi irata sit curabo *for* Athana.

Possibly 227_{11} *matheis for* matteis.

Some have thought that 212_{27} *ieiunium* is a similar mistake *for* iuramentum: but *ieiunium* occurs in other MSS of Petronius which are extant for this passage. See Excursus I.

Another slight indication (I claim it as nothing more) that the ancestor of Cod. Trag. might have been an early MS is found in the curiously large number of wrongly-divided words[3]. In the following list I have marked doubtful cases with an asterisk *:

206_{20}	interimi atraliptae	208_{42}	esse darium
206_{22}	causa polectice	209_{13}	babae calis
206_{36}	indeficiente	$210_{2,3}$	fericulusta
206_{36}	porticule uatum	210_6	arieti illi
207_{10}	sepoenae*	210_8	seipsi * [4]
207_{20}	paronychiacum	210_{29}	copto placentis
207_{21}	ob iter	211_{17}	infumus
207_{22}	parati sumus	211_{28}	abbas secreuit
207_{23}	panthomimichorum	212_{16}	asia dis
207_{32}	ad rasum	212_{33}	uitatiditur
207_{34}	sub auratum	212_{38}	caldicer ebrius
207_{39}	absenti uos	212_{38}	illuderit
207_{48}	se libras	$213_{5,6}$	quia sinum
208_9	ut tribus	213_{34}	domus ionem
208_{27}	acrienes *	214_9	anathimia is
208_{33}	delasercipiariomimo	214_{13}	cum mundatis *

---

[1] Tonelli, *op. cit.* i. p. 38.

[2] A list of the quotations in the *Policraticus* may be found in Mr C. C. J. Webb's edition (Oxford, 1909) ii. p. 496. To these add *Entheticus* 1677 and *Epist.* 205.

[3] On this phenomenon in general see Hall, *Companion to Classical Texts* p. 172 sqq.; Lindsay, *Introduction to Latin Textual Criticism* pp. 14, 26; Havet, *Manuel de critique verbale* ch. xxix. It is common enough in all sorts of classical MSS: I may perhaps refer to some typical examples quoted by Munro in his edition of the *Aetna*, p. 29, taken from the Cambridge MS of that poem.

[4] *Seipsum* is so usual a combination in medieval writing, that this instance should probably be excluded. In the same way I have taken no account of *nec dum* (e.g. 210_{24}), nor of the constant separation of *-que* from the word to which it should be attached.

214_{41}	apothan in	221_{31}	plus sciae
215_{40}	pugnasset	221_{37}	ab istis
216_{31}	cromataricas *	222_{18}	nunchilaria
217_{20}	pietatis cultrix *	$223_{11,12}$	perna emissionem
217_{20}	gracilis pes	223_{17}	periscelide stortae
217_{37}	esset*	223_{22}	ex sobriissa
218_{4}	saeledate *	223_{23}	barcalaede spoliamur
218_{20}	neminide[1]	223_{36}	indecens imam
218_{23}	nequis[1]	224_{9}	mus emancipium
218_{23}	inillius[1]	224_{12}	emit retentis
218_{27}	munec	224_{17}	ipsum ammeam
218_{28}	arguta suasus	224_{25}	turdis iligine
218_{29}	prandebis	224_{38}	romam unus
218_{32}	mali isto	225_{6}	in auditu*
218_{35}	athlanam	225_{23}	meamet[1]
218_{36}	ineruilia	225_{39}	sit ibi[1]
218_{38}	turdes	226_{31}	ei actionem
219_{2}	cum liberto	227_{22}	me misit
219_{3}	isti geuge *	$227_{34,36}$	effrangeret *
219_{4}	caldus cicer eius	227_{36}	frunis canis
219_{13}	quidem *	228_{6}	me uri
219_{18}	uolpisuda	$228_{7,8}$	ipsi mi
219_{27}	aprimitis *	228_{27}	abacia *
220_{13}	gytonis unum	228_{27}	acumi
221_{26}	intro uersus		

Taking into account the length of the *Cena*, these mistakes are exceedingly numerous: and it would seem either that the scribe was peculiarly incompetent (of which there are no other signs in the MS), or that an immediate or not very distant ancestor of this MS was written with the words either undivided or with divisions of such a kind that a fifteenth century scribe would make frequent mistakes in word-division when attempting to copy the MS.

There are one or two other possible indications, orthographical and external, that the original of Cod. Trag. was an early copy. 207_{22} *parati sumus* implies that the form of the word which it intends to represent was *paratissumus*: 207_{39} *absenti uos* represents *absentiuos* (cf. 217_{1} *seruos* corrected into *seruus*): 214_{31} perhaps *bubliothecas*: 214_{39} *aput*: 218_{26} *ridiclei*: 223_{22} *ex sobriissa* may perhaps represent the old spelling *exs obrussa*: and 228_{14} *neptunno*[2]. These archaic forms would hardly be preserved in any except a comparatively early original[3]. Of the external arguments I cannot here speak at length, for they belong to the literary history rather than to the textual criticism of Petronius: the complete disappearance of this part of the *Satyricon* for the whole of the Middle Ages from St Isidore of Seville onwards (with the exception of the knowledge of the *Cena* displayed in John of Salisbury) shews that there were very few MSS of it in existence: perhaps only the ancestor of the Cod. Trag.

---

[1] In these instances the words have afterwards been correctly divided by means of a hair-line, possibly in the original hand.

[2] It is conceivable that a genuine trace of antiquity may be discovered in the spelling *Agamenon*, which is invariable for Agamemnon all the sixteen times that it occurs. [In the two places in Petronius outside the *Cena* where it is also found, the ordinary MSS of the *Vulgaria Excerpta* class give the *-mn-* form, with the exception of A and F, which are connected.] Wehle (*Obs. crit. in Petr.*, Bonn, 1861, p. 22) believes that Agamenon was the form that the author wrote: in any case its regular occurrence in Cod. Trag. seems an indication of an old tradition. The cause of the spelling is the dislike of Latin for the -mn- sound: for analogies see Ritschl in *Rhein. Mus.* n. f. xii, p. 110 and Buecheler's explanation of 211_{13} *staminatas* as derived from σταμνός; so *mina* from μνᾶ. *Clytaemestra* is the form found in the best MSS of Cic. *de Off.* i. 114 and *Epp. ad Fam.* vii. 1₂, while *Agamenon* is the reading of the *Codex Bernensis* of Cic. *de Off.* iii. 95. This feeling in Latin persisted late, if we may judge by the medieval *sompnus, ympnus*.

[3] The punctuation is incredibly wild: I need not give examples, for they abound on every page. There must have been few stops in the archetype, and the copyist has inserted them hurriedly and ill.

EXCURSUS I

ON ECCLESIASTICAL CORRUPTIONS INTRODUCED INTO ANCIENT MSS BY MEDIEVAL COPYISTS

I have thought that it might be of interest to collect a few examples of such corruptions to illustrate the phenomenon mentioned on p. 10. I am not here concerned with *intentional* alterations[1] made in the interests of religion or morality, but only with accidental changes of words or expressions caused by the writer's habit of mind, or by a false expansion of a contraction[2] again due to the reader's prevailing cast of thought. In each of the following examples at least one MS gives a reading due to the mind of the scribe running on religious matters. They are conveniently divided into two classes: in the first of them a word comparatively common in ecclesiastical affairs finds a place in a classical text (I have included one or two medieval examples), and in the second a proper name of the same kind makes its appearance.

Petronius 43₁ *abbas* secrevit for ab asse crevit.
Virgil *G.* 3₄₁₄ *adoratam* for odoratam.
Horace *Odes* iv. 8₂₅ *aequum*[3] for Aeacum.
Seneca *Ep.* 66₂₂ *altare* for altera.
Plautus *Capt.* 393 meminit *amen* for memini tamen.
Cicero *Phil.* xiii. 6
Virgil *Aen.* 5₇₃₁ } *amen* for tamen.
Virgil *Aen.* 5₆₀₂ *amen* for agmen.
Virgil *G.* 2₄₈₆
Horace *Odes* iii. 9₂₄ } *amen* for amem.
Horace *Epistles* i. 8₁₂
Livy xxiii. 9₁
Valerius Flaccus 4₆₀ } *amen* for amens.
Seneca, *Ep.* 31₁₁ *angelo* for angulo[4].
Ovid, *Tristia* i. 3₄₃   Illa etiam ante *aras* passis prostrata capillis
                          Contigit *aeternos* ore tremente focos
     for Lares and extinctos.
Horace, *Satires* ii. 4₆₆ *archa* for orca.
Terence, *Adelphi* 865 *benedicunt illum* for benedicunt, amant.
Ovid, *A. A.* 1₂₈₃ *biblia* for Byblida.
Nonius 86 *carnales* for casnares.
The medieval *Aethicus* p. 83. 5 W. (VI. 111) *catholico* for catalogo.
Virgil, *Aen.* 10₂₂ *claustra* for clausa (claussa).
Seneca, *Ep.* 31₄ *contemplatio* for contemptio.
Lucretius 5₆₀₂ *contudit* tempora serpens for *concludit* (cf. *Genesis* 3₁₅, where however the Vulgate has *conteret*).
Virgil, *G.* 1₅₆ *cruceos* for croceos.
Cicero, *Ep. ad Fam.* iv. 13₂ qui *demonibus* for quidem omnibus.
Juvenal 13₅₉ cara *Deo* for par adeo.
Horace, *Odes* ii. 17₈ *dies ille* for ille dies[5].

---

[1] Such as the substitution of *minus* for *nihil* in Ovid *A. A.* 2₆₈₄: further examples may be found in Postgate, *Selections from Tibullus* p. 203. There are naturally some cases where it is doubtful whether the change was made on purpose or by a sub-conscious reminiscence of the scribe's Christian surroundings: such would be the famous reading *pardus* for *pagus* in Horace *Odes* iii. 18₁₂ (cf. *Isaiah* 11₆); the use of the singular of *Deus* for the plural at least six times in one of the MSS of Symmachus; and perhaps the reading in Cicero *pro M. Marcello* 28: nec vero haec tua vita ducenda est quae corpore, *sed quae* spiritu continetur for corpore *et* spiritu. Cf. Comparetti, *Virgil in the Middle Ages* (English Transl., London, 1895) p. 86, n. 25.

[2] There is said to be a MS of Thucydides in which κε νηες appears in the form of κύριε νῆες: and *Punch* on 25 February 1914 quotes from the *Birmingham Daily Mail* that "Professor and Mrs Sonnenschein went to a fancy-dress ball as Socrates and his wife Christian Thippe." I suppose that Xn is a journalistic shortening for the name of our religion as Xt is of its Founder.

[3] A doubtful instance.

[4] So the medieval Poeta Saxo 5₂₃₈ (Jaffé's *Monumenta Carolina* p. 613) *angelis* for anglis, recalling Pope Gregory's saintly pun.

[5] This appears to me to be a very doubtful instance. It is supposed to be a reminiscence of the *Dies Irae*.

The medieval *Salamo* ii. p. 236, l. 233 *dogmatis* for domatis.
Plautus, *Asin.* 656 salus interioris *hominis* amorisque imperator for corporis (cf. *Ephesians* 3₁₆).
Cicero, *de Oratore* 2₂₃₀ *humilitatis* for humanitatis.
Petronius 44₁₇ *jejunium* for (?) juramentum [1].
Lucilius ap. Non. 83 *mensu libano* for mensa Liboni.
Seneca, *Ep.* 70₂₃ *missas* for missus.
Virgil, *Aen.* 8₀₉₈ *omnipotens* for ignipotens.
Virgil, *Aen.* 6₅₉₆ *omnipotentis* for omniparentis.
Horace, *Epistles* i. 15₁₄ *paschat* for pascat.
Horace, *Odes* iv. 5₃₅ *pastor* for Castor.
Lindsay [2] quotes, without reference, *aeterna peccata* for externa pacata.
Lucilius ap. Non. 225 est *peccatores* for et (or ut) Spectatores.
Horace, *Satires* ii. 8₅ *peccaverit* for pacaverit (or placaverit).
The same 10th century MS of Seneca's *Epistles* from which I quoted *contemplatio* for contemptio above gives *peccatum* for pacatum, *peccatores* for pecora res, *peccatore* for pectore [3], *peccatoribus* for pecoribus.
Terence, *Phormio* 725 *praedicet* glossed clamet.
Plautus, *Cist.* 666 *prophetio* for profecto.
Tacitus, *Annals* iii. 43 *religionariis* for legionariis.
Horace, *Odes* iv. 6₁₄ *sacramento* for sacra mentito [4].
In St Jerome's catalogue of Varro's works, de originibus *saeculi* probably stands for scaenicis.
Plautus, *Merc.* 713 ⎱
Plautus, *Most.* 1128 ⎰ *salvare* for salvere.
Terence, *Adelphi* 460 ⎰
Virgil, *Aen.* 5₈₀₃ *sancthum* for Xanthum.
Juvenal 6₅₇₁ *temporalia* for tempora.
Velleius Paterculus II. 114. 1 *unigenitio* for uni negotio.
Avienus, *Metaphr. Arateorum* 48 *vigilia* for vilia.
Ovid, *Met.* 15₈₃₆ prolem sancta de *virgine* natum for conjuge.

Aelius Lampridius, *Alex. Sev.* 29₂. It has been suggested that *Abraham* (an unlikely deity in the Emperor's Pantheon) is an error for some such word as Abarim.
Catullus 64₆₄ ⎱ *Adriana* for Ariadna.
Seneca, *Phaedra* 250 ⎰
Catullus 99₂,₁₃ *Ambrosio* for ambrosia.
Horace, *Epistles* i. 11₂ concinnas *Amos* for concinna Samos.
Apuleius, *Apol.* 11 *Arianus* for Hadrianus.
Quintus Curtius iii. 8₁ *Barnabazo* for Pharnabazo.
Catullus 35₁₈ *Caecilia* for Caecilio.
Manilius 4₄₂₂ gratia *Christi* for gratia ponti.
Homerus Latinus (ed. Weytingh) 450 *Christi* for tristi [5].
Livy xxxvi. 21₂ *Christoteles* for Aristoteles.
Horace, *Epistles* i. 2₄ *Christophorus* for Chrysippus.
Persius 5₇₆ *Damasus* for Dama'st [6].
Hroswitha, *Gesta Oddonis* 230 Pertz=303 Barack *Eva* namque for vanaque.
Cicero, *Phil.* 11₄ *Galileam* for Galliam [7].
Valerius Flaccus 3₇₆ *Galileae* for galeae.
Libanius i. 352₁₀ (xi. 239) Γαλιλαίαν for Ἰταλίαν.
Horace, *Odes* iii. 25₁₀ *Hebraeum* for Ebrum.

---

[1] A more than doubtful instance. See p. 10.
[2] *Introd. to Lat. Textual Emendation* p. 67. I have not at present been able to discover where this elegant double example occurs.
[3] The same error in Avienus, *Metaphrasis Arateorum* 1866.
[4] So the medieval Poeta Saxo 3₉₇ (Jaffé, *op. cit.* p. 577) *sacramentum* for sacratum.
[5] So Valerius Flaccus 1₃₆₆ *Crestus* for Piresius : and in a passage of Manilius which I have not yet been able to find, *Christus* for corpus.
[6] It has been suggested that this corruption has been helped by the word *papae* occurring two lines before.
[7] Cf. Berengarius, *Gloss.* ii. 4. b *Galilaee* for Galliae.

Macrobius, *Sat.* iii. 17₄ *Hebrei* for ebrii.
Julian, *Conviv.* p. 321 A Ἑβραίων for Ἰβήρων.
Plautus, *Mil. Gl.* 1199 *Hilarius* for hilaris (or hilarus).
Horace, *Odes* iv. 9₂₀ *Idumaeus* for Idomeneus.
Aristarchus, *Homerocriticus* (ed. Ludwich) Ἰορδάνης for Ἰάρδανος.
<Pseudo->Plautus, *Men.* 29 *Judei* for ludei.
Juvenal 13₄₁ *Judeis* for Idaeis.
Sulpicius Severus, *Chron.* ii. 7₁ *in Judaea* for invidia.
Ovid, *A. A.* 1₄₁₃ *Lucae* for luce.
Columella i. 1₉ *Manasses* for Mnaseas.
Diodorus, *exc. Phot.* p. 523₆₅ *Manasses* for Masinissa.
Horace, *Odes* iii. 17₇ *Maria* for Marica.
Petronius 74₆ *Matheis* for matteis.
Tacitus, *Histories* i. 76 *Messiae* for Moesiae.
Valerius Flaccus 6₁₂₉ *Mycael* for Micelae (?).
Columella iii. 2₂ *Nursianae* for Numisianae[1].
Horace, *Satires* i. 2₆₅ *Origenis* for Originis.
Cicero, *Ep. ad Att.* ix. 8₁ *Paulus* for Aulus.
Cicero, *Phil.* 13₃₃ *Petrus* for Paetus.
Aristarchus, *Homerocriticus* (ed. Ludwich) Σαλαμώνιος for Σαλμωνεύς.
Petronius 58₇ *Sathana* tibi irata sit curabo for Athana.
Virgil, *Aen.* 3₆₈₉ *Tharsum* for Thapsum.
Tacitus, *Histories* i. 6 *Tertullianus* for Turpilianus[2].

IV

The writing of Cod. Trag. is an ordinary fifteenth-century Italian hand: I should subscribe to Buecheler's judgement, "Scriptura nusquam obscura est, sed neglegentius composita culpa velocitatis." The abbreviations are those usually found in MSS of the date: a line over a vowel may stand for either *n* or *m*. Only once have I felt in real doubt as to the meaning of a contraction. In 208₃₉ *quiq̄* has been read *quicunque* by some, while others have emended it into *qui in*: but where *quicunque* appears (210₁₄ and 216₂₁) it is written quite differently. I have therefore left the word as it stands; I am inclined to think that it may represent a corruption of *qui quasi*, though *quasi* is written in full in 210₂₀ and 210₂₉, and *q̊si* in 207₁ and 221₂₆. In 211₂₀, 225₃₈, and 228₁₂ *quiq̄* stands for its obvious expansion *quinque*. The copyist may have misunderstood an original qī.

In the first three pages (206-208) the writing is very small: on and after 209, which begins a new quire, it is of a more reasonable size, the number of lines in the page dropping from 48 to 40 or 41.

Something of the scribe of Cod. Trag. may perhaps be learned from his marginal notes. I do not think it necessary to give a full list of them here, as I have reproduced them all in my transcript. They may be divided into four classes:

(*a*) Corrections, just possibly from another MS, but much more probably from the original on reading through after transcription. Of this sort, the margin giving the true reading, are[3]: 206₂₂ coccinea (*text* coccina); *ibid.* palectice (*text* polectice); 209₂₉ ipso (*text* ipse); 210₁₂ catophagae

---

[1] A mistake we should naturally attribute to a Benedictine scribe.

[2] This list does not profess to be original (it is in part taken from Traube, Havet, *Manuel de critique verbale*, and H. R. Hall, *Companion to Classical Texts*, and indications given by them) nor exhaustive: but merely to give a fairly large and representative number of specimens of this type of error in classical MSS.

[3] It is not always easy to distinguish these from the next class, the scribe's conjectures.

(*text* cataphagae[1]); 211$_{19}$ sumus (*text* suus); 216$_{84}$ putidum (*text* puditum); 222$_{18}$ nunc <h>ilaria (*text* nunchilaria); perhaps 224$_{39}$ defuncta (*text* defacta); 228$_{28}$ mihi (omitted in text).

(*b*) Conjectures. A few are ingenious, some rather stupid. The following list will shew their mixed nature: 208$_7$ rursus (*text* prorsus); 218$_{11}$ veruex (*text* berbex); 218$_{88}$ pirata (*text* pirrata); 223$_{39}$ excatarizasti (*text* excatarissasti); 225$_{27}$ secandum (*text* secundum); 225$_{30}$ pomorum (*text* poma); 226$_{16}$ absentemur (*text* assentemur); 226$_{38}$ parabatur (*text* peruapatur); 228$_{22}$ patrimonij (*text* patroni); 228$_{35}$ exhortauit (*text* exorauit).

(*c*) Notes, in the modern sense of the word, grammatical or explanatory, such as: 206$_{26}$ edictum (the description of the *libellus cum inscriptione*); 210$_3$ operationem (gloss on praxim); 210$_{12}$ natiuitatem (gloss on genesim); 214$_{42}$ circumstantiam (gloss on peristasim); 214$_{40}$ quid vis (gloss on tethilis, more correctly written ti thelis); 214$_{41}$ moriar (gloss on apothanin thelo); 215$_{30}$ n<ota> historiam (the description of the story of the malleable glass); 218$_2$ refutata (a gloss—erroneous—on apophoreta); 219$_1$ attention called to the fact that Jouis is used in the nominative; 220$_{36}$ n<ota> fabulam in lupum conuersi; 221$_{11}$ attention called to the nominative bouis; 222$_4$ viridi (gloss on prasina).

(*d*) Hard or unintelligible words simply repeated. This is the largest class of the marginal annotations, especially near the beginning: as the *Cena* went on, the scribe seemed to realise that the language was not ordinary Latin, and to have marked fewer of the strange forms. These seem to me to form a testimony to the good faith and the stupidity of the scribe, two very valuable qualities in copyists. A man who would write down half a word, because it had been wrongly divided in the text, such as 206$_{20}$ atraliptae and 212$_{28}$ caldicer, or such monstrous compositions as 207$_{28}$ panthomimichorum and 208$_{33}$ delaserpiciariomino, cannot have been very clever; and that he was honest may be inferred from the way in which he repeated with surprise what seemed to him to be ungrammatical forms, such as 210$_3$ caelus, 210$_5$ cornum, 211$_{13}$ vinus, 215$_{33}$ vasum, 225$_{18}$ lactem, fatus, 225$_{39}$ faciatur (I select only the most obvious cases), without making any attempt to alter them to the familiar caelum, cornu, vinum, vas, lac, fatum, fiat.

A few glosses seem to have crept into the text of Cod. Trag.

207$_{38}$ *absens* is a gloss on *absentiuos*.

207$_{47}$ *sorberi possunt* on *sorbilia*.

208$_{30}$ (possibly) *in quo cornua erant* (but see Excursus II).

208$_{36}$ (probably) *scilicet in altero ferculo* on *infra*.

209$_{33}$ *opera pistoria* may well be a gloss on the various delicacies of which Trimalchio is speaking.

In 214$_4$ and 223$_1$ I do not think that *causa* is a gloss, as Buecheler has marked it. I would not indeed follow Siewert and read *suae re causa* (taking *re* as a genitive), but rather Orelli with *sua rem causa*, which seems to me a euphemistic phrase to which several modern parallels might be adduced.

Nor in 221$_{22}$ need *poterat* be regarded as a gloss, if the MS punctuation be adopted[2].

228$_7$ *femina* is a gloss on *delicias*.

228$_9$ *dominae* on *ipsimae*.

---

[1] The text is probably here right, and *catophagae* a misreading of the original.

[2] Other more than doubtful instances are 206$_{15}$ *principium cenae*, 206$_{18}$ *longum erat singula excipere*, 228$_{38}$ *hospitium hospites capit*.

V

I have provided a transcript of the whole of that part of the MS which contains the *Cena*, but not of the two pages reproduced to shew the owner's name and the dating inscription. The transcript is printed opposite the plates, and follows the original as exactly as possible. I have chosen to expand the contractions, printing the letters supplied in italics, rather than to attempt to represent the contracting signs typographically. I am quite aware of the objections to this course: the choice between *n* and *m* is often arbitrary; the representation of diphthongs (particularly *ae*) introduces a type of spelling not in the mind of the scribe of the fifteenth century; it is sometimes difficult to say whether a mark above the line is a letter written small or a mark of contraction; in general, it will not be difficult to find several small inconsistencies[1]. But I am inclined to think that inconsistencies equally great arise from the almost hopeless attempt to represent by type a great number of slightly varying lines and marks[2]; and I am sure that the plan I have adopted facilitates reference, while the photographic facsimile opposite prevents these small disadvantages from being sources of error.

I have been much puzzled by the erased words in the space between ll. 14 and 15 on p. 221. I thought at first that they were the last words of ch. 62 repeated and erased: but this is not the case. I ventured to appeal to the kindness of M. Léon Dorez, of the Bibliothèque Nationale, who is always ready to put his great experience at the service of Cambridge workers, and indeed to assist them in every way. He writes: "Ni mes yeux ni les yeux de mes collègues ni le réactif généralement très efficace que nous avons employé n'ont donné aucun résultat. De l'écriture primitive, il ne reste, sur la ligne qui vous intéresse, que deux ou trois légères traces (fragments de hastes, semble-t-il); et tout ce que vous pouvez apercevoir de plus sur l'épreuve photographique n'est que les caractères de la ligne correspondante du verso du feuillet, vus par transparence à la suite du grattage opéré par le copiste. Logiquement, il me semble que ce copiste a dû commencer à écrire le commencement du c. 63 *Attonitis* etc.; puis il s'est aperçu qu'il eût dû réserver une ligne en blanc et la place nécessaire à une capitale rubriquée; alors il a gratté les mots déjà écrits, à fin de réparer son erreur, et a repris le travail tel qu'il eût dû être exécuté tout d'abord. Mais ce n'est là qu'une simple hypothèse, qui paraît être tout à fait impossible à vérifier."

APPENDIX

At the end of the facsimiles of Cod. Trag. I have reproduced a page and a half of Codex Leidensis Vossianus 111, which contains four Petronian poems, *Quid faciant leges* (*Sat.* ch. 14), *Qui pelago credit* (*Sat.* ch. 83), *Fallunt nos oculi* (frg. xxix), and *Somnia quae mentes* (frg. xxx). I have only given transcripts of these, not of the rest of the contents of the pages: the decipherment of the others will be a pleasure to those who admire the beautiful Visigothic writing. As this famous MS is of real palaeographical interest, I have followed a different plan in transcribing, and have attempted to represent the contraction marks (e.g. the differing *n* and *m*) typographically.

---

[1] I suppose that from $211_{2,3}$ we may assume that the scribe really wrote *interogo*, though I have often expanded it and like words into *interrogo*: his practice varied, for in 206_{41} he wrote *interrogare* (cf. 220_{17} *errubuimus*), while in 210_{40} he wrote *interogare* (cf. 210_{26} *discurere*, 216_{37} *concurere*, 222_{23} *conteritus*). So contrast 215_{33} *tamquam* with 216_2 *tanquam* (the usual spelling), and 227_5 *annulum* with 219_{16} (and elsewhere) *anulos*.

[2] I have left 7 *et* and 7̄ *etiam*: the marginal sign ·|· (214, 218) which I have left thus, may quite probably be .i. (=*id est*).

This MS has almost a literature of its own. It was written early in the ninth century, and belonged at one time to the monastery of St Benedict at Île-Barbe near Lyons: it is of the nature of a *florilegium* for use in the monastic school. Descriptions of it, palaeographical and literary, will be found in *Revue Critique* xxvi. (23 July 1888) p. 70 n. 2: Peiper's edition of Ausonius in the Teubner series, preface[1], and the same writer's "Die handschr. Ueberlieferung des Ausonius" in *Jahrb. f. class. Phil.* xi. Suppl. (Lipsiae, 1880) p. 191: G. de Hartel's edition of Paulinus of Nola in the Viennese *Corpus* of Latin Ecclesiastical writers vol. xxx. (1894) p. v: and several references to it in Traube's *Nomina Sacra* pp. 220–224. The aimiable librarian of Leyden, Mr de Vries, told me (Easter 1913) that there was a possibility of the publication at Lyons or Bordeaux of a photographic reproduction of the whole MS, and it is much to be hoped that this will some time be done.

EXCURSUS II

ON THE SIGNS OF THE ZODIAC AND THE READING *IN QUO CORNUA ERANT* 208_{30} (PETRONIUS, CHS. 35 AND 39)

To understand the rather elaborate and far-fetched allusions in these chapters, they must be read very closely together. The great circular dish in ch. 35 is divided into twelve partitions for the twelve signs of the Zodiac, and there is a different kind of food, or other object connected with the kitchen, on each. In ch. 39 Trimalchio goes through the signs, and describes the kind of men who are born under each; and it is then clear that the object placed on each is "proprius conveniensque materiae" of its own sign.

This can be made clear by the following table:

Sign of the Zodiac	Representative article	Character of those born under this sign
1. The Ram	cicer arietinum	arietilli[2]
2. The Bull	bubulae frustum	boves
3. The Heavenly Twins	testiculi ac rienes	colei
4. The Crab	corona[3]	Trimalchio himself
5. The Lion	ficus Africana	cataphagae
6. The Virgin	sterilicula	mulieres
7. The Scales	statera	laniones et unguentarii
8. The Scorpion	pisciculus marinus (?)	venenarii
9. The Archer	oclopecta	strabones
10. Capricorn	locusta marina (?)	aerumnosi, quibus prae mala sua cornua nascuntur
11. The Man who holds the Watering-pot	anser	copones et cucurbitae
12. The Fish	duo mulli	obsonatores

It is clear on inspection that the two unsatisfactory objects are those I have marked with a query. A *pisciculus marinus* has nothing to do either with scorpions or poisoners, and is so feeble an expression that it at once arouses a suspicion that it is itself a gloss or that the text is in some other way wrong: nor has a lobster any connexion with Capricorn. I suggest that Petronius wrote: *super Scorpionem locustam marinam, super Sagittarium oclopectam, super Capricornum capri cornua*: that the last two words were omitted by haplography; that *locustam marinam* had been glossed *pisciculum*, to distinguish this kind of *locusta*, a lobster, from the

---

[1] With facsimile of one leaf.

[2] I have chosen the most representative of the characters—two or three are given for each sign. To explain the exact point of each of the characterizations—many of them in slang—would be a piece of exegesis much too long for this place. The allusion is usually fairly clear.

[3] Representing Trimalchio's own success. In ch. 39 he gives the reason why no article of food is placed on this sign.

locust of dry land; that the gloss *pisciculum* forced *locustam* out of the text (the gender of *marinam* being naturally changed to suit the new word with which it was to agree[1]), and that *locustam* then fell into the place left vacant by the disappearance of *capri cornua*. Thus

                     pisciculum
super scorpionem locustam   marinam super sagittarium oclopectam
super capricornum capri cornua

became

super scorpionem pisciculum marinum super sagittarium oclopectam
super capricornum locustum marinam.

In this part of the *Cena* both the Cod. Trag. and the Leidensis are extant, and their confusion seems to shew that there has been much disturbance here. Cod. Trag. reads (208_{29}) *super scorpionem pisciculum marinum, super sagitarium oclopetam, super capricornum in quo cornua erant, locusta marina,* where I should regard *in quo cornua erant* as a mutilated trace of the old true reading rather than a *glossa manifesta* (Buecheler): the Leidensis omits altogether the first clause, having *...placenta: super Sagittarium oclopetam, super Capri cornua locustam marinam,* against which *Capricornum* is written in the margin.

If this suggestion be adopted, an excellent sense is produced. Capricorn is naturally represented by a pair of goat's horns, which equally naturally stands for "hornified" men; and as for the *locusta marina*, what could be a better analogue for the Scorpion than a lobster, its marine parallel? But what have lobsters to do with poisoners? Is it permissible to see a more or less open reference to Locusta, the queen of all poisoners? If so, we have here another little piece of evidence which will help us to date the *Satyricon*.

———

Having more space than I expected, I subjoin one or two further suggestions on the text of the *Cena*.

206_2 (ch. 26_7) Fuga magis placebat quam quies. Our heroes had been spending a somewhat exhausting night, and *quies* was just what they required: also, it is unreasonable to speak of an entertainment as *quies* and *procella* in two consecutive sentences. For *quam* perhaps read *et*: the *quam* might have been introduced by a copyist who thought that a comparison was necessary after *magis*.

207_{22} (ch. 31_6) Et quisquis aliquid rogatus erat ut daret pantomimi chorum, non patrisfamiliae triclinium crederes. I should be inclined to omit *daret*, as a copyist's insertion who thought that something was lacking after *rogatus*, and to translate "...and so did anybody who had been asked for anything, so that you would think it was a musical comedy chorus rather than a decent citizen's staff of servants waiting at dinner."

211_{10} (ch. 41_9) Clamat itaque primus. Heinsius' clever suggestion *Dama* or *Damas* has been almost universally accepted. But the introduction of a proper name is bold: we might read *clamat[9]* (*clamatus = acclamatione vocatus*) and translate: "the first man, when called upon [to speak], asked for a longer drink, and said...." Cf. Apuleius *Met.* 10_7 "Tunc demum clamatus inducitur etiam reus."

216_{12} (ch. 52_{11}) Nam modo Fortunatam suam revertebatur, modo ad naturam. Heinsius, Scheffer, and Buecheler all saw rightly that a verb had dropped out, but their corrections are ugly: two endings in *-ebatur* are jingling and improbable, and unless the two verbs stood next to one another, it would have been less easy for one to disappear. I would suggest *nam modo Fortunatam suam verebatur, revertebat modo ad naturam* (possibly *suam* should be transferred to the end of the sentence). It would not be difficult for *verebatur revertebat* to appear in the form of *revertebatur*; and the use of the active of *reverto* in an intransitive sense is too common to need illustration.

220_{32} (ch. 61_9) Pervenirem. Autem in angustiis amici apparent. *Autem* cannot stand at the beginning of a sentence, and would hardly be the right conjunction even if it came after *angustiis*. Neither *nam* nor *scitis* seem palaeographically probable, and I would suggest the insertion of *aiunt*, putting *in...apparent* into inverted commas. The first word might easily drop out by haplography from such a combination as AIV̄T AVTĒ.

225_{36} (ch. 71_9) Ut naves etiam monumenti mei facias plenis velis euntes. It seems hardly possible to keep to the MS reading and to translate: "the ships of my tomb," as if there were always ships on such monuments. Buecheler would insert after *etiam* some such expression as *in lateribus* or *in aliqua parte*; but is it just conceivable that Petronius wrote *in imo*? *Etiaminimomonumenti* would without difficulty become *etiammonumenti*, yet I cannot find an exact parallel to the absolute use of *imum* as a substantive in an oblique case of the singular with a genitive depending upon it. *Ima montis* and *ima maris* are common enough, and *imum* (without a genitive) is found in Ovid *Met.* 5_{588} and 11_{177}: the nearest is perhaps Apuleius *Met.* 8_{29} *rusticanum... imis ventris bene praeparatum.* The extension does not seem entirely impossible in vulgar speech.

———————

[1] Or just possibly the gloss was itself *pisciculum marinum* and the whole expression drove down *locustam marinam* to the vacant place beneath.

206

Venerat iam tertius dies, id est expectatio liberae cenae. Sed tot vulneribus confossis fuga magis placebat quam quies. Itaque cum mesti deliberaremus quonam genere praesentem evitaremus procellam, unus servus Agamemnonis interpellavit trepidantes et: quid vos, inquit, nescitis hodie apud quem fiat? Trimalchio lautissimus homo. horologium in triclinio et bucinatorem habet subornatum, ut subinde sciat quantum de vita perdiderit. Amicti ergo diligenter obliti omnis mali, cum

LXXVI ... balteis ... officium ... in balneas sequi. Interim ...

LXXVIII analiptae corona palestrice simphoniaci idonei

LXXIX colucius

LXXX gladiatorum ... tumultus ...

Enerat iam tercius dies idest expectatio liberae cenae. sed tot uulneribus confossis
fuga magis placebat quam quies. itaque cum maesti deliberaremus quo nam genere praesen
tem euitaremus procellam, unus seruus agamenonis interpellauit trepidantes,
et quid uos inquit, nescitis hodie apud quem fiat? trimalchio lautissimus homo
horologium in triclinio 7 bucinatorem habet subornatum, ut sub inde sciat   5
quantum de uita perdiderit. amicimur ergo diligenter obliti omnium malorum. 7 githo-

XXVII na libentissime seruile officium tuentem, usque hoc iubemus in balneo sequi. nos interin uestiti erra-
re coepimus: ymo iocari magis, 7 circulis ludentem accedere, cum subito uidemus senem caluum tunica uestitum russea inter pueros capillatos ludentem pila, nec tam pueri nos, quamquam erat operae precium:
ad spectaculum duxerant, quam ipse paterfamiliae, quia soleatus pila prasina exercebatur: nec amplius   10
eam repetebat, quae terram contingerat: sed folem plenum habebat seruus, sufficiebatque ludentibus. notauimus 7 res nouas, nam duo spadones in diuersa parte circuli stabant, quorum alter matellam tenebat argenteam, alter numerabat pilas, non quidem eas quae inter manus lusu expellente uibrabant,
sed eas quae in terram decidebant. Cum has ergo miramur lauticias, accurrit menelaus, 7 hic
est inquit apud quem cubitum ponitis: 7 quid iam principium cenae uidetis? 7 iam non loquebatur   15
menelaus cum trimalchio digitos concrepuit, ad quod signum matellam spado ludenti subie
cit. exonerata ille uescica aquam poposcit ad manus, digitosque adspersos paululum in ca-

XXVIII pite pueri tersit. Longum erat singula excipere. itaque intrauimus balneum, 7 sudore calfac-
ti momento temporis, ad frigidam eximus. iam trimalchio unguento perfusus tergebatur, non

atraliptae linteis, sed pallijs ex lana mollissima factis. tres interimi atraliptae in conspectu eius faler-   20
coccinea num potabant: 7 cum plurimum rixantes effunderent, trimalchio hoc suum propinasse dicebat. hinc inuo-
palectice lutus coccina causa polectice impositus est, praecedentibus faleratis cursoribus quatuor, 7 chira-
masio, in quo deliciae eius uehebantur, puer uetulus lippus domino trimalchione deformior. Cum ergo
simphoniacius auferetur ad caput eius, cum minimis symphoniacus tibijs accessit: et tamquam in aurem, aliquid
secreto diceret toto itinere cantauit. Sequimur nos admiratione iam saturi, 7 cum agamenone   25
edictum ad ianuam peruenimus, in cuius poste libellus erat cum hac inscriptione fixus. Quisquis seruus sine
dominico iussu foras exierit, accipiet plagas centum. in aditu autem ipso stabat ostiarius pra-
sinatus cerasino succinctus cingulo, atque in argentea pisum purgabat. super limen autem

XXIX cauea pendebat aurea in qua pica uaria intrantes salutabat. Ceterum ego dum omnia
stupeo paene resupinatus crura mea fregi. ad sinistram enim intrantibus non longe ab   30
ostiarij cella, canis ingens cathena uinctus in pariete erat pinctus: superque quadra
drata littera scriptum, caue canem, 7 collegae mei quidem riserunt. ego autem collecto
spiritu, non destiti totum parietem persequi. erat autem uenalicium titulis pictum: 7
caduceum ipse trimalchio capillatus caduceum tenebat: mineruaque ducente romam intrabat.
hinc quemadmodum, ratiocinari didicisset, dein que dispensator factus esset. omnia diligenter   35
curiosus pictor cum inscriptione reddiderat. indeficiente uero iam porticule uatum men-
to in tribunal excelsum mercurius rapiebat. praesto erat fortuna cornu habundan
ti copiosa: 7 tres parcae aurea pensa torquentes notaui. 7 in porticu gregem
cursorum cum magistro se exercentem: praeterea grande armarium in angulo uidi, in
cuius aedicula erant lares argentei positi, uenerisque signum marmoreum positum 7 pis-   40
sis aurea non pusilla, in qua barbam ipsius conditam esse dicebant. Interrogare ergo atri-
ensem coepi, quas in medio picturas haberent. Iliada 7 odixeam, inquit. ac laenatis

XXX gladiatorium munus non licebat multaciam considerare. nos iam ad triclinium per-
ueneramus, in cuius parte prima procurator rationes accipiebat. 7 quod praecipue miratus sum

---

9—the stop after *pila* a full point struck through to make it into a comma.   11 *contingerat*—the second *n* struck through.
17 *adspersos paululum*—signs ⮂ above each word to shew that their order is to be reversed.   23—the stop after *uehe-*
bantur a full point struck through to make it into a comma.   31 *canis*—the *s* possibly corrected from some other letter.
32 *collegaemei*—originally written as one word and afterwards separated by a hair-line.   42—a single letter, erased, after *laenatis*.

in postibus triclinij fasses era*n*t securibus fixi, quor*um* una*m* parte*m* q*u*asi embulum nauis neum embulum
finiebat, in quo erat scr*i*ptu*m*, CN. pompeio tr*i*malchioni seuiro augustali. cinnam*us* dispe*n*sa-
tor sub eodem titulo 7 lucerna bilynchis de camera pe*n*debat : 7 du*ae* tabul*ae* in utroq*ue* poste bilynchis
defixae : quar*um* altera si bene memini hoc h*a*bebat inscr*i*ptum .III. 7 pr*i*die k*a*lend*a*s Ianuarias, cu*m*
5 noste*r* foras cenat : altera lunae cursum stellar*umque* s*e*ptem imagines pictas, 7 qui dies boni
quiq*ue* inco*m*modi ess*e*nt distingue*n*te bulla notaba*n*tur. His rep*l*eti uolutatib*us*, cu*m* conaremu*r* in
tr*i*clinium intra*r*e, exclamauit unus ex pueris qui sup*er* hoc officium erat positus dextro
pede. sine dubio paulisp*er* trepidauimu*s*, ne co*n*tra praeceptum aliqu*i*s nostru*m* lime*n* tra*n*siret
Ceteru*m* ut pariter mouimu*s* dextros gressus ser*u*us nobis despoliatu*s*, procubuit ad pedes, ac rogare
10 coepit, ut sep*o*enae eriperemu*s*, nec magnu*m* esse peccatu*m* suu*m* pr*o*pter quod periclitaretu*r*. Subducta e*n*im
sibi uestime*n*ta dispensatoris in balneo, qu*ae* uix fuissent decem sexterciorum. Retulimu*s* ergo dextros pedes, dispensatorem*que* in precario aureos nu*m*erantem deprecati sum*us* ut ser*u*o remitt*er*et
p*o*enam. superbu*s* ille sustulit uultum. 7 non tam iactura me mouet inqu*it*, qua*m* negligen*ti*a ne-
quissimi ser*u*i. uestimen*ta* mea cubitoria p*er*didit : qu*ae* mihi natali meo cliens quidam dona-
15 nau*er*at tyria sine dubio : s*e*d iam semel lota : quid ergo est : dono uobis eu*m*. Obligati tam XXXI
gra*n*di beneficio, cu*m* intrassemu*s* tr*i*clinium, occurrit nobis ille idem ser*u*us pro qu*o* rogau*er*amus, 7
stupentib*us* spississima basia impegit, gratias agens humanitati no*str*ae. ad summa*m* stati*m*
scietis ait, cui dederitis beneficium. uinu*m* d*o*mi*n*icum ministratoris gratia est. Tandem
ergo discubuimu*s*, pueris alexandrinis aqua*m* in manus uiuata*m* infundentib*us*, aliisq*ue*
20 insequentib*us* ad ped   ad paronychiacu*m* ingenti subtilitate tollentib*us*. ac n̄e in hoc qu*i*dem
tam molesto tacebat officio, sed ob iter cantabat. ego exp*er*iri uolui an tota familia canta-
ret : itaq*ue* potio*n*em posti parati sum*us*. puer non minus me acido cantico excepit. 7 q*ui*sq*ui*s
aliqu*i*d rogatu*s* erat ut daret panthomimichoru*m* non patris famili*ae* tr*i*clinium cred*er*es, alta panthomimichor*um*
est ta*m*en gustatio ualde lauta. nam iam om*n*es iam discubu*er*a*n*t pr*ae*ter unu*m* tr*i*malchionem,
25 cui locus nouo more pr*i*mus seruabatu*r*. Ceteru*m* in pr*o*mulsidari asellus erat corinthiu*s* cu*m*
bisactio positus, qui h*a*bebat oliuas in altera parte albas, in altera nigras. tegeba*n*t a-
sellum du*ae* lances in quaru*m* marginib*us* nomen tr*i*malch*i*onis inscr*i*ptum erat, 7 argenti
pondus ponticuli 7̄ ferr*u*minati sustineba*n*t glires : melle ac papau*er*e sparsos fue-
ru*n*t, 7 thu*m*atula supr*a* craticulam ferue*n*tia argenteam posita, 7 infra craticula*m*
30 syriaca pruna cu*m* granis punici mali. in his eramu*s* lauticijs cu*m* ipse tr*i*malchio ad XXXII
simphoniam allatus est. positusq*ue* inte*r* ceruicalia munitissima expr*ess*it imprude*n*tib*us* risum,
pallio e*n*im coccineo ad rasum excluserat caput, circhaq*ue* oneratas ueste ceruices lati-
clauia in eis erat mappa*m* fimbrijs hinc atq*ue* illinc pendentib*us* h*a*bebat : 7̄ in minimo
digito sinistr*ae* manus anulum, grandem sub auratu*m* : extremo u*er*o articulo digiti se-
35 quentis minore*m*, ut mihi uidebatu*r*, totum aureum, sed plane ferreis ueluti stellis ferr*u*
minatum, 7 ne has ta*n*tu*m* ostend*er*et diuitias dextru*m* nudauit lacertum armilla
aurea cultum, et eboreo circulo lamina splendente co*n*nexum ut deinde pinna arge*n*-
tea dentes p*er*fodit. amici inquit nu*n*dum mihi suaue erat in tr*i*clinium absens mo XXXIII
r*ae* uobis venire sed ne diutius absenti uos ess*e*m, uoluptatem mihi negaui : p*er*mitti-
40 tis ta*m*en finiri lusum. sequebatu*r* puer cu*m* tabula terebintina 7 cristallinis tesseris,
notauiq*ue* rem om*n*ium delicatissima*m*, pr*o* calculis e*n*im ac nigris, aureos argenteosq*ue* h*a*bebat
denarios. Interim dum ille om*n*ium textoru*m* dicta inte*r* lusum co*n*sumit, gusta*n*tib*us* adhuc nobis,
repositor*um* allatum est cu*m* corbe, in quo gallina erat lignea patentib*us* in orbem alis, qu*a*-
les qu*ae* incuba*n*t oua. accessere continuo duo ser*u*i, 7 simphonya strepe*n*te scrutari incuba*n*t
45 paleam c*o*eperu*n*t. erutaq*ue* subinde pauonina oua diuisere co*n*uiuis. co*n*uertit ad hanc
sc*a*enam tr*i*malchio uultum. 7 amici ait, pauonis oua gallin*ae* iussi supponi : 7 mehercules timeo, ne iam co*n*cepti sint : tentemus ta*m*en, si adhuc sorbilia su*n*t, sorberi poss*u*nt. acci-
pimu*s* nos noclearia non minus se libras pende*n*tia, ouaq*ue* ex farina pi*n*gui figurata

---

1 *neum*—it is hard to see whether the word should be so read, or as *treum.*   6 *uolutatibus*—corrected to *uoluptatibus*
by a later hand.   20—a space of about three letters (possibly an erasure) after *ped.*   23—the margin of the MS is torn :
panthomimi is certain, and I think I can see traces of *c* and *h.*   24—dots beneath the second *iam* to shew that it is to be
deleted.   30—after *ad* an *s* erased at the end of the line.   37, 38—the chapter-division in modern texts is before *ut deinde,*
not before *amici* as in the MS.

in postibz merluriz fasceo erat cu securibz fixis quaz una pars qsi embolum nauio non[?]
fiuiebat in quo erat sephu[?] cum pompeis trimalchioni sernio auguftali cprnand dispesa
tor sub eode titulo · ꝛ lucerna bilynchis de camera pedebat · ꝛ due tabule in utroqz poste
fixe · quax altera si bene memini hoc Trebat inscriptu · III · ꝛ pdie taluz Januarius cu[?]
noster foras cenat · altera lune cursuz stellaruqz septe · imagines pictas · ꝛ qui dies boni
quiqz mali essent distinguebat bulla uariabat · His repleti uoluptatibz cu conarem in
Triclinium intrare exclamauit unus ex pueris qui sup hoc officium erat · positus dextro
pede · Sine dubio paulisp trepidauimz ne cotra p[?]ceptum aliqs nostrum limen transiret
Ceteru ut pariter mouim dextros gressus fiuis nobis despoliat[?]/ procubuit ad pedes/ ne peccare
cepit · ut se pene exp[?]re/ nec magnum esse peccatum suu pp quid q[?]eh[?]ret/ sublucta[?] eni[?]
sibi uestimeta dispensatoris in balneo/ que uix fuissent decem sextercioz · retulim ergo de
xtros pedes/ dispensatoreqz in p[?]eario aureos numantem depreca[?] sum ut suo remitteret
pena · suph ille fastidit uultuz · ꝛ non tam iactura me mouet nisi · E[?] negligetia ne
quissimi sui · uestimeta mea cubitoria pdidit/ que mihi natali meo cliens quida dona
uerat · tyria sine dubio · sed iam semel lota · quid ergo est · Dono uobis eam · Obligati tam[?]
grandi beneficio/ cu intrassem[?] triclinium/ occurrit nobis ille idem fiuis p[?] q[?] rogabam[?]/
stupentibz spississima basia impegit/ gratias agens humanitati nre · ad summas statim
scieris ait · cui dederis beneficiuz · uinu dnicus ministratoris gratia est · Tandem
ergo discubuim/ pueris alexandrinis aquam in manus ciuitate infundentibz/ aliisq[?]
insequentibz ad ped · ad paronychiacu ingenti subtilitate tollentibz · ac ne in hoc qde[?]
tam molesto taciti officio/ sed ob iter cantabat · ego experiri uolui an tota familia canta
ret · itaqz potionq posci paratus sim · puer non minus me acido cantico excepit · ꝛ quisq[?]
aliqd rogatus erat ut daret panthomimichuz non patris familie triclinium credes/ allata[?]
est in gustatoriu ualde lauta · nam iam omnes iam discubuerat prete unu trimalchione[?]/
cui locus nouus more primus seruabat · Ceteru in praesidie asellus erat corinthus cu[?]
bisaccio positus/ qui Tebat oliuas in altera parte albas/ in altera nigras tegebat · o[?]
pillyq due lances in quax marginibz nomen trimalchionis inscriptu erat · ꝛ argenti
pondus ponticuli · ꝛ feruminati sustinebat glires · melle ac papauis sparsos fue
runt · ꝛ thimatula sup craticulaz feruetes argenteas positas/ ꝛ infra craticula[?]
syriaca pruna cu granis punici mali · in his eram laudicens cu ipse trimalchio ad s[?]
symphoniaz allatus est · positusqz inter ceruicalia minutissima expilti · impudentibz risu[?]/
pallio etz coccineo ad rasum excluserat caput/ circaqz oneratas ueste ceruices lati[?]
clauiam in eas erat mappa fimbriis hinc atqz illinc pendentibz Tebat · ꝛ in minimo
digito sinistre manus anulum grandem sub aurat · extremo uo articulo digiti se
quentis minore/ ut mihi uidebat/ totum aureum/ sed plane ferreis uelut stellis feri
ruminatis/ ꝛ ne has tm ostenderet diuitias dextru nudauit lacertuz armilla
aurea cultuz/ ꝛ eboreo circulo lamina splendente coneru ut denique pinna argen
tea dentes perfodit famren inquit nudum mihi suaue erat ut triclinium absens uo
ze nobis uenire sed ne diutius/ absentz uos tam uoluptatem mihi negauero permit
tite m finiri lusum · Sequebat puer cu tabula terebinthina · ꝛ cristallinis tesseris/
notauiqz rem omnius delicatissima p[?] calculos · Ga nigris/ aureos argenteosqz Tebar
denarios · sinum diu ille omnius texterz dicta int lusuz celum/ gustantibz adhuc nobis
repositoriu allatu est cu corbe/ in quo gallina erat lignea patentibz in orbe alis/q[?]
les que incubant ona · accessere continuo duo sini/ ꝛ simphonya strepede scrutari
paleam cepiunt · erutaqz subinde panorina ona diuisere coniuit · conuertit ad hanc
sceneaz trimalchio uultuz · ꝛ amici ait/ panonis oua galline iussi suponi/ ꝛ mehercu
les timeo ne mniceare coepti sint/ temptem[?] tn[?] si adhuc sorbilia siut/ Sorbere possut/ acci
piuniq[?] uos nos clearia non minus se libras pondera/ oua q ex farina pingui figurata

prandium. ego q̄d pene p̄ci partes meas, nam uidebat̄ mi, in pullos coisse. deinde ut
andiui uictegez coniunx, hic nescio quid boni debet esse. uscerp̄ puta mē manu
pinguissima ficedulas inueni piperato uitello circūdatas. Nam Trimalchio eadē
omnia lāsu inmundi populcerat. Sic erat̄ potestar̄ clara uoce sigꝰ mūs̄ dar̄
uellet mus̄ sunē cū subito signū symphonia dat. 7 gustatoria parit̄ a choro
cantante rapiūt. Cetez int̄ tumultuz cū forte paroꝑs excidisset. 7 puer iacentem
sustulisset. araduit Trimalch̄ colaphisq̄ obiugari puer̄ ac uscer̄ ꝓi̅us p̄asi
deꝛ iussit. inscer̄ est lectucari. arcet̄uzq̄ int̄ religua purgamēra scopis ceꝑit. uer
resubinde intrauerūt duo ethiopes capillati cū pusillis ut tribus quales solet esse
q harenā in amphitheatro sparguūt. uinus q̄ dedere in manus. aquā eꝭ nemo por
rexit. Laudatꝰ ꝓi̅ eleganas dꝭ. equum inq̄ mars amat. itaq̄ iussit stacuuis
mensas assignari. obiter et pedissem sui minorē nobis otiuz frequentia sua fecerit.

allat̄ sūt amphore uitree diligent̄ gypsate quaꝝ in ceruicibus pittacia erat̄
affixa cū hoc titulo. falernū opimianū annoꝝ centū. dū titulꝝ plegimꝰ uesplosi
Trimalchio manus. et Eheu inq̄ ergo diutiꝰ uiuit uinū q̄ homuncio. quare tango
menas faciam̄. uita uinus est. uerū opimianū presto. heri non tā bonū posui. 7 multo
honestiores cenabat. Potantibus ergo. 7 curiosissime nobis lautitias miratib̄. Lariua
argenteā attulit uinus sic aptatā ut articulꝰ eꝭ uertebraeq̄ laxate in omēz partē
flecter̄. hanc cū sup̄ mensas semel iteruz abiecisset. 7 catenatio mobiliꝰ aliquot figu
ras exprimē Trimalchio adiecit.

H̅eu nos miseros qꝝ totus homuncio nil est.
Sic erimus cuncti postq̄ nos auferet orcus.

E̅go numinus dū licet cū bene Laudator̄ fecerib̄ et inscentꝰ planē nꝭ
pro expectatione magni monstras tū omnia q̄ūt oculis. 7 ptulib̄ eꝭ repo
sitoriuz duodecim h̅ebat signa in orbe disposita. sup̄q̄ ꝓꝓꝭ couentens
sf materie structor imposuerat cibꝰ. sup̄ arietes cicer arietinū. sup̄ tauruz
bubule frustuz. sup̄ geminos testiculos renones. sup̄ cancruz coronaz. sup̄ le
onez ficū africanā. sup̄ uirginez sterilicula. sup̄ libraz stateraz in cuiꝰ altera
parte scriblica erat in altera placenta. sup̄ scorpionez pisciculuz marinū.
sup̄ sagittariuz octopetā. sup̄ capricornū in quo cornua erat̄. 7 locusta marina
sup̄ aquariuz ansērē. sup̄ pisces duos mullos. in medio autez cespes cū herbis
excisus fauū sustinebat. circuib̄ibat egyptiꝰ puer clibano argēteo. 7 eo pane
atq̄ ipse. 7 taeterrima uoce delaserpiciariō cantiōn auriꝭ extrasi. nos ut tristi
ores ad tam uiles accessim̄ cibos. Suadeo inq̄ Trimalchio cenemus. hoc est in
cene. hec ut dixit ad symphonia, quattuor tripudiantes procurrer̄. supiorēq̄ ꝑ
tez repositorii abstulerūt. q̄ factū ut in ferc̄ pis̄ socez. in altꝭ feꝛcula altilia
sumina leporesq̄ in medio pinnas saleuinaꝯ. ut pegasus uidꝛer̄. notauimꝰ
7 circa angulos repositorii 7 pisyas quatuor ex quiꝝ uiscerib̄ piꝑatū garum
piperatū curebat. sup̄ pisces quasi in uiuario natabat. Damus omnes plausum
a familia inceptuz. 7 res electissimas ridentes aggredimur. non minus. 7 ipse
Trimalchio eiusmodi methodio lectus surrexit. processꝰ. statim scissor. 7 ad
symphoniaz gesticulatus ita laceꝛauit obsoniū ut putares essedariū hi
draulo cantante pugnantez ingerebat. Ut tamē Trimalchio lentissima uoce
turpe carpe. Ego suspicatꝰ aliquā urbanitatē toties iterat̄ nomē ꝓni̅
non erubui eū q̄ sup̄ me accumbebat. hoc ipsū inⁱegare. atq̄ ille qui s̄ꝑ
eiusmodi ludos spectauerat. uides illū inq̄ qui obsoniū carpit carpe uoc̄

pertundim*us*. ego q*ui*dem paene p*ro*ieci partem meam, nam uidebat*ur*, iam in pullum coisse. deinde ut
audiui ueterem co*n*uiuam, hic nescio quid boni debet esse. p*er*secut*us* putamen manu

XXXIV pinguissima*m* ficedulam inueni piperato uitello circu*m*datam. Iam trimalchio eadem
omnia lusu int*er*misso poposcerat : feceratq*ue* potestatem clara uoce, siq*ui*s nos*t*rum iter*um*
uellet mulsum sume*re*, cu*m* subito signu*m* simphonia dat*ur* : 7 gustatoria parit*er* a choro   5
cantante rapiunt*ur*. Ceterum int*er* tumultum cu*m* forte parasis excidisset, 7 puer iace*n*tem
sustulisset a*n*imaduertit tri*m*alchio, colaphisq*ue* obiugari puerum, ac p*ro*iicere *p*rorsus parasi   *fursus
dem iussit. insecut*us* est lecticari*us*, argentumq*ue* int*er* reliqua purgame*n*ta scopis c*oe*pit uer-
rere. subinde intraueru*n*t duo etiopes capillati cu*m* pusillis ut tribus, quales sole*n*t esse
q*ui* harenam in amphitheatro spargu*n*t. uinumq*ue* dedere in manus. aqua*m* e*n*im nemo por-   10
rexit. Laudatus p*ro*pt*er* elega*n*tias do*m*inus, aequum inquit mars amat. itaq*ue* iussit suam cuiq*ue*
mensam assignari. obiter et pudissimi s*er*ui minorem nobis *a*estum frequentia sua facie*n*t.
statim allat*ae* su*n*t amphor*ae* uitre*ae* diligent*er* gipsat*ae*, quar*um* in ceruicibus pittratia era*n*t   *pittracia
affixa, cu*m* hoc titulo. Falernu*m* opimianum annor*um* centum. dum titulos p*er*legimus co*m*plosit
tri*m*alchio manus : et heheu inq*ui*t, ergo diuti*us* uiuit uinu*m* qu*am* homu*n*cio, quare tango-   15 tangom*enas*
menas, faciam*us*. uita uinum est, veru*m* opimianum praesto. heri non tam bonu*m* posui 7 mu-
lto honestiores cenaba*n*t. Potantib*us* ergo 7 curatissime nobis lauticias mira*n*tibus, Laruam
argenteam attulit s*er*uus, sic aptatam ut articuli ei*us*, uertebr*ae*que laxat*ae* in om*n*em parte*m*   *uertebr*ae*
uerter*e*ntur. hanc cu*m* sup*er* mensam semel iter*um*q*ue* abiecissent, 7 cathenatio mobilis aliquot figu
ras exp*ri*meret tri*m*alchio adiecit—   20

H Eheu nos miseros q*u*am totus homuncio nil est.
  Sic erimus cuncti postq*u*am nos auferet orchus.

XXXV E Rgo uiuamus du*m* licet esse : bene laudat*io*nem ferculum est insecutu*m*, plane no*n*
        pro expectati*o*ne magnum, nouitas tam*en* omniu*m* co*n*uertit oculos. rotu*n*dum e*n*im repo
        sitorium duodecim h*a*bebat signa in orbe disposita, sup*er*que propri*um* co*n*uenientem   25
        qu*am* materi*ae* structor imposuerat cibum. sup*er* arietem cicer aretinum, sup*er* taurum   *cicer
        bubulae frustru*m*, sup*er* geminos testiculos, acrienes, sup*er* cancru*m* coronam, sup*er* le
        onem ficu*m* africanu*m*, sup*er* uirginem sterilicu*lam, super libra*m* stateram, in cui*us* altera
scribillita. parte scribillita erat in altera place*n*ta, sup*er* scorpionem pisciculum marinum,
oclopetam   sup*er* sagitarium oclopetam, sup*er* capri*cornum in quo cornua era*n*t, locusta marina   30
        sup*er* aquarium ans*er*em, sup*er* pisces duos mullos, in medio aut*em* c*ae*spes cu*m* herbis
        excisus fauu*m* sustinebat. circumferebat *ae*gyptius puer clibano argenteo panem,
delaserpiciariomino atque ipse 7 t*ae*terrima uoce delaserpiciariomino canticum extorsit. nos ut tri*s*ti-
        ores ad tam viles accessim*us* cibos. Suadeo inq*ui*t tri*m*alchio cenemus. hoc est in

XXXVI cenae. H*ae*c ut dixit ad simphoniam, quatuor tripudiantes p*ro*curreru*n*t. superioremq*ue* par   35
        tem repositorij abstuleru*n*t : q*u*o facto uidem*us*, infra scilicet, in alt*er*o fercula altilia 7
        sumina, leporemq*ue* in medio pinnis subornatum, ut pegasus uideret*ur*. notauim*us*
marsyas   7 circa angulos repositorij marsyas quatuor, ex quoru*m* utr*i*culis garum pi-
        peratum currebat. sup*er* pisces q*ui*q*ue* euripo natabat. Damus om*n*es plausum
        a familia inceptum : 7 res electissimas ridentes aggredim*ur*. non minus 7   40
methodio trimalchio ei*us*mo*d*i methodio l*ae*tus carpe inq*ui*t. processit statim scissor 7 ad
        symphoniam gesticulatus ita lacerauit obsonium ut putares esse darium hi-
        draule cantante pugnare ingerebat. Nihilomin*us* tri*m*alchio lentissima uoce,
        carpe, carpe. Ego suspicat*us* aliqua*m* urbanitatem, tocie*n*s iterata*m* uocem p*er*tinere
        non erubui eum qui sup*ra* me accumbebat hoc ip*sum* int*er*ogare. at ille qui sae-   45
        pi*us* ei*us*mo*d*i ludos spectauerat, uides illum inq*ui*t, qui obsonium carpit, carp*us* uocatur.

ita q*u*otiens*c*unque

13 *pittratia*—the third *t* might just possibly be a *c*. The word in the margin is certainly *pittracia*. 15—a strip has been
pasted on to the inner margin of this page of the MS, covering the last few letters of this and the next two marginal annotations.
19 *abiecissent*—the *n* struck through. 24—the stop after *magnum* is either a full point struck through to make it into a comma,
or *vice versâ*. 26—I am not sure if there is something after the *cicer* in the margin : if so, it is nearly all cut off by the strip
mentioned in the note on l. 15. 27 *ac rienes*—just possibly not written as one word. 35 *simphoniam*—the final *m* probably
added by a later hand. The words in the lower margin are the catchwords for the next quire.

Ita quotienscunque dicit carpe, eodem verbo 7 vocat 7 imperat. Non potui amplius
quicquam gustare: sed conuersus ad eum ut quam plurima exciperem longe accersere. fabulas coepi sciscitari, quae esset mulier illa, quae huc atque illuc discureret. Uxor inquit
trimalchionis: fortunata appellatur: quae nummos modio metitur: et modo modo quid
fuit ignoscet mihi genius tuus. noluisses de manu illius panem accipere: nunc nec
quid nec quare in caelum abijt: 7 trimalchionis topanta est ad summam. mero meridie si dixerit illi tenebras esse credet. ipse nescit quid habeat adeo saplutus est. Sed
haec lupatria prouidet omnia. 7 ubi non putes est sicca sobria bonorum consiliorum.
tantum auri uides, est tamen malae linguae: pica puluinaris: quem amat, amat. quem
non amat, non amat. ipse trimalchio fundos habet qua milui uolant. nummorum. nummos
mos argentum in ostiarij illius cella plus iacet, quam quisquam in fortunis habet. familia
uero. babae babae, non me hercules puto decumam partem esse quae dominum suum nouerit.
ad summam quemuis ex istis babae calis in rutae folium coniiciet. nec est quod putes illum

quicquam emere. omnia domi nascuntur. lana. credrae. piper. lacte gallinaceum si
quaesieris inuenies ad summam parum illi bona lana nascebatur. arietes a tarento emit.
7 eos culauit in gregem. mel atticum ut domi nasceretur, apes ab athenis iussit afferri obiter. et uernaculae quae sunt meliusculae a graeculis fient. ecce intra hos dies scripsit ut illi ex india semen boletorum mitteretur. nam mulam quidem nul-
lam habet quae non ex onagro nata sit. Uides tot culcitras: nulla non aut con-
chiliatum, aut coccineum tomentum habet. tanta est animi beatitudo. Reliquos autem **tomentum**
collibertos eius caue contemnas. ualde successi sunt. vides illum quia in immo immus
recumbit hodie sua octingenta possidet. de nihilo creuit. solebat collo modo
suo ligna portare. Sed quomodo dicunt ego nihil scio sed audiui quomodo incubo- **incuboni**
ni pilleum rapuisset: 7 thesaurum inuenit. ego nemini inuideo si quo deus
dedit. est tamen sub alapa. 7 non uult sibi male. itaque proxime cum hoc titulo proscripsit. C̄. pompeius diogenes ex kalendis iulijs cenaculum loca ipse
enim domum emit. Quid illi qui libertini loco iacet? quam bene se habuit? non
impropero illi. sextercium suum uidit decies. sed male vacillauit. non puto
illum capillos liberos habere. nec me hercules sua culpa. ipsë enim homo melior **ipšo**
non est. sed liberti scelerati qui omnia ad se fecerunt. Scito autem sociorum olla
male feruet. et ubi semel res inclinata est, amici de medio. 7 quam honestam
negociationem exercuit. quod illum sic uides ęxę libitinarius fuit. solebat sic ce-
nare quomodo rex apros gausapatos, opera pistoria, uiscocos pistores.
plus uini sub mensa effundebatur, quam aliquis in cella habet fantasia, non homo.
inclinatis quoque rebus suis, cum timeret ne creditores illum conturbare existima-
rent, hoc titulo caucionem proscripsit. Iulius proculis auctionem faciet rerum su-
peruacuarum. interpellabit tam dulces fabulas trimalchio. nam iam sublatum erat

ferculum. hilaresque conuiuae, uino sermonibusque publicatis operam coeperant dare. Is ergo reclinatus incubitum, hoc uinum inquit uos oportet suaue faciatis. pisces natare oportet. rogo, me putatis illa cena esse contemptum,
quam in teca repositorij uideratis? sic notus vlixes? quid ergo est. oportet

---

32 ęxę—presumably a dittography from *exercuit* before, and erased by the dots beneath the letters.   33 *pistores*—the last
is not *os* or *as*, but an *s* lengthened to complete the line as in 213_{14} and 216_{25}.   34—over *fan* of *fantasia* the letters
n are written in a tiny, but antique writing: cf. 210_6 and 218_{17}.

in quotidianis dictis oculo eodem verbo et vocat et imperat. Non potui amplius
quicquam gustare, sed conversus ad eum ut quam plurima exciperem, longe accersere fabulas coepi sciscitari que esset mulier illa, que huc atque illuc discurreret. Uxor, inquit,
Trimalchionis, Fortunata appellatur, que nummos modio metitur. et modo modo quid
fuit? ignoscet mihi genius tuus, noluisses de manu illius panem accipere. nunc nec
quare nec quomodo in caelum abiit, et Trimalchionis topanta est. ad summam mero meridie si dixerit illi tenebras esse, credet. ipse nescit quid habeat, adeo saplutus est. sed
hec lupatria providet omnia, et ubi non putes est. sicca, sobria, bonorum consiliorum,
tantum auri vides, est tamen male lingue, pica pulvinaris. que amat, amat; que
non amat, non amat. ipse Trimalchio fundos habet, qua milvi volant, nummorum nummos. argentum in ostiarii illius cella plus iacet, quam quisquam in fortunis habet. familia
vero, babae babae, non me hercules puto decimam partem esse que dominum suum novit.
ad summam, quemvis ex istis babae culus in rutae folium coniciet. nec est quod putes illum
quicquam emere. omnia domi nascuntur: lana, credrae, piper; lacte gallinaceum si
quesieris invenies. ad summam parum illi bona lana nascebatur; arietes a Tarento emit
et eos culavit in greges. mel atticum ut domi nasceretur, apes ab Athenis iussit afferri; obiter et vernaculae que sunt melusculae a greculis fient. ecce intra hos dies scripsit ut illi ex India semen boletorum mitteret. nam mulam quidem nul-
lam habet que non ex onagro nata sit. vides tot culcitras: nulla non aut con-
chyliatum aut coccineum tomentum habet. tanta est animi beatitudo. reliquos autem collibertos eius cave contemnas. valde sucossi sunt. vides illum qui in imo imus
recumbit, hodie sua octingenta possidet. de nihilo crevit. solebat collo suo
ligna portare. sed quomodo dicunt, ego nihil scio, sed audivi, quomodo incuboni pilleum rapuisset, et thesaurum invenit. ego nemini invideo si quid deus
dedit. est tamen sub alapa. et non vult sibi male. itaque proxime cum hoc titulo proscripsit: C. Pompeius Diogenes ex kalendis Iuliis cenaculum locat: ipse
enim domum emit. quid ille qui libertini loco iacet? quam bene se habuit. non
improperi illi. sextercium suum vidit decies. sed male vacillavit. non puto
illum capillos liberos habere. nec me hercules sua culpa. ipse enim homo melior
non est. sed liberti scelerati qui omnia ad se fecerunt. scito autem sociorum olla
male fervet, et ubi semel res inclinata est, amici de medio. et quam honestam
negotiationem exercuit, quod illum sic vides. caupo fuit. solebat sic ce-
nare quomodo rex apros gausapatos, opera pistoria, ...os, avos pistores;
plus vini sub mensa effundebatur, quam aliquis in cella habet. phantasia, non homo.
inclinatis quoque rebus suis, cum timeret ne creditores illum conturbare existima-
rent, hoc titulo auctionem proscripsit: Iulius Proculus auctionem faciet rerum su-
pervacuarum. Interpellavit tam dulces fabulas Trimalchio. nam iam sublatum erat
ferculum, hilaresque convivae vino sermonibusque publicatis operam coeperant dare. Is ergo reclinatus in cubitu, Hoc vinum, inquit, vos oportet suave faciatis. pisces natare oportet. rogo me putatis illa cena esse contentum
quam in theca repositorii videratis? sic notus Ulixes? quid ergo est? oportet

caelus / operariorum

cornum

genesim / + nationum

etiam inter cenandum philologiam nosse. patrono meo ossa bene quiescant qui me ho
mine inter homines voluit esse. nam mihi nihil novi potest afferri. sicut ille ferra
lista mel fuit proximum. Caelus hic in quo duodecim dii habitat / in totidem
se figuras convertit. 7 modo fit aries. itaque quisquis nascitur illo signo multa
pecora habet / multam lanae. caput praeterea durum. Fronte expudurata cor
num acutum. plurimi hoc signo scholastici nascuntur. 7 arietes illi laudamus ur
banitate mathematici. itaque adiecit. deinde totus caelus taurulus fit
itaque tunc calatrosi nascuntur / et bubulci / 7 qui se ipsi pascunt. In geminis
autem nascuntur bigae / 7 boves / 7 colei / 7 qui utrosque parietes linunt. In cancro
ego natus sum ideo multis pedibus sto. 7 in mari / 7 in terra multa possideo
o. nam cancer 7 hoc 7 illuc quadrat. 7 ideo iam dudum nihil super illum
posui ne genesim meam premerem. In leone cataphagae nascuntur 7 imperiosi.
In virgine mulieres 7 fugitivi 7 compediti. In libra laniones 7 unguen
tarii 7 quicumque aliquid expediunt. In scorpione venenarii 7 percussores. In
sagittario strabones qui holera spectant lardum tollunt. In capricorno eru
mnosi quibus prae mala sua cornua nascuntur. In aquario coponos 7 cu
curbitae. In piscibus obsonatores 7 rethores. sic orbis vertitur tanquam mo
la 7 semper aliquid mali facit ut homines aut nascuntur aut pereant. quod autem in
medio cespitem videtis 7 super cespitem favum nihil sine ratione facio. terra ma
ter est in medio quasi ovum corrotundata 7 omnia bona in se habet tanquam fa
vus. sophos universi clamamus 7 sublatis manibus ad cameram iuramus hi

[XL.   parchum aratumque comparatos illi homines non fuisse. donec advenerunt mini
stri / ac toralia proposuerunt toris in quibus retia erat picta subsellores que
cum venabulis 7 totus venatorius apparatus. nec dum sciebamus mittere suspi
cones nostras cum ex triclinio clamor sublatus est ingens. 7 ecce canes laco
nici etiam circa mensam discurre coeperunt. Secutum est hos repositorium in quo
positus erat primae magnitudinis aper / 7 quidem pilleatus / e cuius dentibus sportelle depen
debant duae / palmulis textae. altera caryotis altera thebaicis repleta. cir
ca autem minores porcelli / ex copto placentae facti / quasi uberibus imminent
scrofam esse posita significabat. 7 hi quidem apophoreti fuerunt. ceterum ad
scindendum aprum non ille carpus accessit qui altilia lacerave rat / sed barba
tus ingens fasceis cruralibus alligatus 7 alicula scobornatus / polimita stricto
8 venatorio cultro latus apri vehementer percussit / ex cuius plaga turdi evo
laverunt. parati aucupes cum harundinibus fuerunt. et eos circa triclinium vo
litantes momento exceperunt. inde cum suum cuique iussisset referri malchio
adiecit. etiam videte quam porcus ille silvaticus tota comederit glande. statim

[XLI.   pueri ad sportellas accesserunt quae pendebant e dentibus / thebaycasque 7 cari
otas ad numerum divisere cenantibus. Interim ego qui privatum habebam secessum in mul
tas cogitationes diductus sum. quare aper pilleatus intrasset. postquam itaque omnes
bacalusias consumpsi duravi interrogare illum interpretem meum / quid me torqueret. at
ille plane etiam hoc suus nunc indicare potest. Non enim aenigma est. sed res ap

etiam inter cenandum philologiam nosse. patrono meo ossa bene quiescant, qui me ho
minem inter homines uoluit esse. nam mihi nihil noui potest afferri, sicut ille fericu-
lusta mel habuit praxim. Caelus hic in quo duodecim dij habitant, in totidem
se figuras conuertit. 7 modo fit aries. itaque quisquis nascitur illo signo multa
peccora habet, multum lanae: caput praeterea durum: Frontem expuduratam cornum acutum. plurimi hoc signo scolastici nascuntur: 7 arieti illi laudamus ur-
banitatem matematici. itaque adiecit. deinde totus caelus taurulus fit.
itaque tunc calcitrosi nascuntur, et bubulci, et qui seipsi pascunt. In geminis
autem nascuntur bigae, 7 boues, 7 colei, 7 qui utrosque parietes linunt. In cancro
ego natus sum, ideo multis pedibus sto: 7 in mari, 7 in terra multa posside
o: nam cancer 7 hoc 7 illoc quadrat: 7 ideo iam dudum nihil super illum
posui: ne genisim meam premerem. In leone catáphagae nascuntur 7 imperiosi.
In virgine mulieres 7 fugitiui, 7 compediti. In libra laniones 7 vnguen-
tarij 7 quicunque aliquid expediunt. In scorpione venenarij 7 percussores. In
sagitario strabones qui holera spectant lardum tollunt. In capricornio aerum-
mpnosi quibus prae mala sua cornua nascuntur. In aquario copones 7 cu-
curbitae. In piscibus obsonatores 7 rethores. Sic orbis uertitur tanquam mo-
la, 7 semper aliquid mali facit ut homines aut nascantur aut pereant. quod autem in
medio caespitem videtis: 7 super caespitem fauum, nihil sine ratione facio. terra mater est in medio quasi ouum corrotundata, 7 omnia bona in se habet tanquam fauus. Sophos uniuersi clamamus, 7 sublatis manibus ad camaram iuramus hi-
pparchum aratumque comparandos illi homines non fuisse: donec aduenerunt mini
stri, ac tolaria proposuerunt toris in quibus retia erant picta subsessoresque
cum uenabulis, 7 totus uenationis apparatus. nec dum sciebamus mitteremus suspi-
ciones nostras, cum extra triclinium clamor sublatus est ingens: 7 ecce canes laco-
nici etiam circha mensam discurere coeperunt. secutum est hos repositorium in quo
positus erat primae magnitudinis aper, 7 quidem pilleatus, e cuius dentibus sportellae depen-
debant duae, palmulis textae. altera careotis. altera thebaicis repleta. circha autem minores porcelli, ex copto placentis facti, quasi vberibus imminerent
scrofam esse positam significabant. 7 hi quidem apophoreti fuerunt. ceterum ad
scindendum aprum non ille carpus accessit, qui altilia lacerauerat, sed barba-
tus ingens fasceis cruralibus alligatus 7 alicula subornatus, polimita stricto
que uenatorio cultro latus apri vehementer percussit, ex cuius plaga turdi euo-
lauerunt. parati aucupes cum harundinibus fuerunt. et eos circha triclinium uo
litantes momento exceperunt. inde cum suum cuique iussisset referri trimalchio
adiecit. etiam uidete quam porcus ille siluaticus totam comederit glandem. statim
pueri ad sportellas accesserunt quae pendebant e dentibus, thebaycasque 7 cari-
otas ad numerum diuisere cenantibus. Interim ego qui priuatum habebam secessum in mul
tas cogitationes diductus sum: quare aper pilleatus intrasset. postquam itaque omnis
bacalusias consumpsi duraui interogare illum interpretem meum, quid me torqueret. at
ille plane etiam hoc seruus tuus indicare potest. Non enim aenigma est. sed res aper

caelus, operationem

cornum

i
genesim ÷
·i· natiuitatem

5

10

ö

15

20

XL

25

30

35

XLI

40

3—over praxim the sign ·|· corresponding to that in the margin.   6—over the te of matematici an h has been added in the same tiny hand as in the correction at 209₃₄.   12—over genisim, the first i of which has possibly been corrected from another letter, the sign ÷ corresponding to that in the margin. natiuitatem, the gloss on genesim, is possibly in a different and somewhat later hand. The note in the other margin suggests that cataphagae should be read catophagae.   30 hi—probably originally hij with the last letter erased.   40 interpretem—as the last e is written ẽ, the word should perhaps be read as the false form interpreterem.   41 non—possibly corrected from nam.

ta. hic aper cum heri summa cenam uindicasset a conuiuijs dimissus: itaque hodie tamquam libertus in conuiuium reuertitur. damnaui ego stuporem meum. 7 nihil amplius inter-
ogaui ne uiderer nunquam inter honestos cenasse. dum haec loquimur puer speciosus, uitibus
ederisque redimitus, modo bromium, interdum liaeum, euchiumque confessus, calatisco
5 uuas circumtulit: 7 poemata domini sui acutissima uoce traduxit: ad quem sonum conuersus trimalchio, dyonise inquit liber esto. puer detraxit pilleum apro, capitique
suo imposuit. tum trimalchio rursus adiecit, non negabitis me inquit habere liberum
patrem. Laudauimus dictum trimalchionis, 7 circumeuntes puerum sane perbasiamus. ab hoc
ferculo trimalchio ad lasammum surrexit. nos libertatem sine tyranno nacti coe-
10 pimus inuitare conuiuarum sermones. clamat itaque primus cum pataracina poposci
sset: dies inquit nihil est: dum uersas te nox fit: itaque nihil est melius quam de cubicu-
lo recta in triclinium ire: et mundum frigus habuimus. uix me balneus calfecit
tamen calda potio uestiarius est, staminatas duxi: 7 plane matus sum. uinus   *vinus*
mihi in cerebrum abijt. excepit seleucus fabulae partem. 7 ego inquit non cotidie la-   **XLII**
15 uor. balisus enim fullo est aqua dentes habet. et cor nostrum cotidie liquescit. sed cum
mulsi pultarium obduxi frigori laecasim dico: nec sane lauare potui. fui enim
hodie infumus homo bellus tam bonus, chrisantus animam ebullijt. modo modo me appellauit: uideor mihi cum illo loqui. hey est hey. utres inflati ambulamus
minores quam muscae suus. tamen aliquam uirtutem habent. nos non pluris sumus quam bullae   *sümus*
20 et quid si non abstinax fuisset. quinque dies aquam in os suum non coniecit: non mi-
cam panis: tamen abijt. at plures medici illum perdiderunt. immo magis malus fatus. medicus enim nihil aliud est quam animi consolatio. tamen bene elatus est uitali
lecto stragulis bonis plautus est optime manum misit aliquod, etiam si maligne
illum plorauit uxor. quid si non illam optime accepisset. sed mulier quae mulier mil-
25 uinum genus. neminem nihil boni facere oportet. aeque est enim ac si in puteum conii
cias. Sed antiquus amor carcer est. molestus fuit phileros qui proclamau-   **XLIII**
it: uiuorum meminerimus. ille habet quod sibi debebatur. honeste uixit honeste obijt. quid habet quod queratur. abbas secreuit. 7 paratus fuit quadrantem de ster-
core mordicus tollere. itaque creuit: quit quit creuit tanquam fauus. puto me
30 hercules illum reliquisse solida centum. 7 omnia in nummis habuit. de re tamen ego uerum
dicam, qui linguam caninam comedi. durae buccae fuit. linguosus discordia non
homo frater eius fortis fuit amicus amico. manu uncta plena mensa, 7 inter ini
cia malam parram pilauit. Sed recorrexit costas illius prima vindemia. vendidit enim uinum quantum ipse uoluit. et quod illius mentum sustulit hereditatem acce-
35 pit: ex qua plus inuolauit quam illi relictum est. 7 ille stips dum fratri suo irascitur,   *inuolauit*
nescio cui terrae filio patrimonium elegauit. longe fuit. quisquis suos fugit.
habuit autem oracularios seruos, qui illum pessum dederunt. nunquam autem recte faciet
qui cito credit. utique homo negocians, tamen uerum quod frunitus est, quam diu uixit   *frunitus*
cui datum est, non cui destinatum, plane fortunae filius, in manu illius plumbum
40 aurum fiebat. facile est autem ubi omnia quadrata currunt: 7 quod putas
illum annos secum tulisse septuaginta, 7 supra, sed corneolus fuit: aetatem bene ferebat

26 *carcer*—corrected from *cancer.*

ta. hic aper cū heri sūma cena uindicasset a cōuiuis dimissus. itaq̄ hodie tax
q̄ libertus in cōuiuiū reuertit. damnaui ego stupore mū. 7 nihil amplꝰ inter
egaui ne uidr̄ nūq̄ int̄ honestos cenasse. dū hec loquim̄ puer speciosus/uitibꝰ
ederisq̄ redimitus/modo bromiū/īt̄duz liaeus/euchiusq̄ ꝗfllius/calatiscꝭ
imas circuitulit. 7 poemata dn̄i sui acutissima uoce tradidit. ad quē sonū cō
uersus t̄malchio/dyonise iuqt liber esto. puer detraxit pilleū apro/capitiꝙ
suo imposuit. hi t̄malchio rursus adiecit/nō negabitis me iuqt liber̄
patr̄. laudauim dictū t̄malchiois/7 circuieūtes puerū sane pbauimus. ab hc̄
ferculo t̄malchio ad lasanū surrexit. nos libertatē sine tyrāno nacti ce
pim inuitare cōuiuaz s̄mones. damat itaq̄ pmus cū patracina poposi
sset. dies iuqt nihil est. dū uersas te nox fit. itaq̄ nihil est melius q̄ de cubicu
lo recta in tclinū ire. et mudz frigus habuim. uix me balneus calfecit
in calda potio nestarius est/staminatas duxi. 7 plane matus su. uinus
mihi in cerebrū abiit. excepit selaucus fabule parte. 7 ego iuqt nō cotidie la
uor. balseus eꝭ fullo est. aqua dentes frꝫt. et cor nꝰris cotidie liquescit. sed cū
mulsi pultariū obduxi frigori laecasim dico. nec sane lauare potui fui eꝫ
hodie infimus homo bellus tam bonus/chrisantus animā ebulliit. modo mo
do me appellauit. uideor mihi cū illo loqui. hey est hey. utr̄es inflati ambulam⁹
minores q̄ musce sum⁹. in aliqua uirtutz trent. nos non pluris sum⁹ q̄ bulle
et quod si non abstinax fuisset. quiꝫ dies aqua in os sui nō coxerit. non mi
cam panis. in abiit. at plures medici illuz pdiderūt. imo magis malus fa
tus. medicus eꝫ nihil aliud est q̄ animi cōsolatio. in bene elatus est. uitali
lecto stragulis bonis plautis est optime manu misit. aliquod/etia si maligne
illu plorauit uxor. quid si non illas optime accepisset. sed mulier que mulier mil
uinus genus. neminē nihil boni facr̄ oportet. eque est eiz ac si in puteū cōi
cras. sed antiquus amor canacer est t̄molestus fuit phileros qui pesamau
it. cuiusq̄ meminerim⁹. ille fr̄at quod sibi debebat. honeste uixit honeste ob
iit. quid fr̄at quod queraf̄ abbas secreuit. 7 pararius fuit quadratē de shir
core mordicus tollere. itaq̄ creuit. quic̄ quir creuit itaq̄ fumus. puto me
hercules illu reliquisse solida centū. 7 omnia in nūmis fuit. de re tn̄ ego nuz
dicaz/qui lingua canina comedi. duze bucce fuit. linguosus discordia non
homo fr̄at ei fortis fuit amicus amico. manu uncta plena mesa. 7 mr̄ ini
cia malam parra pilauit. sed recorrexit costas illꝰ pma uindemia. uendi
dit eiz uinū quatū ipa uoluit. et quod illius mentū sustulit hereditate acce
pit. ex qua plus inuolauit q̄ illi relictuz est. 7 ille stips dū fr̄at suo irascit/
nescio cui terre filio patrimoniū elegauit. longe fuit. quisqꝝ suos fugit.
fuit aūt oracularios suos/qui illi pessum dederūt. nuꝙ aūt recte faciet
qui cito credit. utiꝙ homo negocias/in uerū ꝗ fruniscit⁹ est/ꝙ dū uixit
cū datū est/nō cui destinatū/plane fortune filius/in manu illi plumbuz
aurū fiebat. facile est aūt ubi omia quadrata currūt. 7 quod putas
illu annos secū tulisse septuagita/7 suꝑ/sed corneolus fuit. aetatē tn̄ ferebat

C·XLII

C·XLIII

uinus

fumus

mulier

familiar

nugas tamquam coturnus; noveram homines olim oliorum; et adhuc salax erat. Non me hercules illum puto in domo canem reliquisse. immo etiam pullarius erat, omnis Minervae homo; nec improbo, hoc solum enim secum tulit. Haec Phileros dixit, illa Ganymedes narrat: 'narratis quod nec ad caelum nec ad terram pertinet, cum interim nemo curat quid annona mordet. Non me hercules hodie buccam panis invenire potui. et quomodo siccitas perseverat. iam annum esuritio fuit. aediles male eveniat, qui cum pistoribus colludunt "serva me, servabo te." itaque populus minutus laborat, nam isti maiores maxillae semper Saturnalia agunt. O si haberemus illos leones, quos ego hic inveni cum primum ex Asia veni. illud erat vivere. similia sicilia interiores, larvas sic istos percolopabant, ut illis Iuppiter iratus esset. sed memini Safinium: tunc habitabat ad arcum veterem, me puero, piper non homo. is quacumque ibat terram adurebat. sed rectus, sed certus, amicus amico, cum quo audacter posses in tenebris micare. in curia autem quomodo singulos vel pilabat tractabat, nec schemas loquebatur sed directum. cum ageret porro in foro, sic illius vox crescebat tamquam tuba, nec sudavit umquam nec expuit; puto eum nescio quid Asiadis habuisse. et quam benignus resalutare, nomina omnium reddere, tamquam unus de nobis. itaque illo tempore annona pro luto erat. asse panem quem emisses, non potuisses cum altero devorare. nunc oculum bublum vidi maiorem. heu heu, quotidie peius. haec colonia retroversus crescit tamquam coda vituli. sed quare nos habemus aedilem trium cauniarum, qui sibi mavult assem quam vitam nostram. itaque domi gaudet, plus in die nummorum accipit quam alter patrimonium habet. iam scio unde acceperit denarios mille aureos. sed si nos coleos haberemus, non tantum sibi placeret. nunc populus est domi leones, foras vulpes. quod ad me attinet, iam pannos meos comedi, et si perseverat haec annona, casulas meas vendam. quid enim futurum est, si nec dii nec homines huius coloniae miserentur? ita meos fruniscar, ut ego puto omnia illa a diis fieri. nemo enim caelum caelum putat, nemo ieiunium servat, nemo Iovem pili facit, sed omnes opertis oculis bona sua computant. antea stolatae ibant nudis pedibus in clivum, passis capillis, mentibus puris, et Iovem aquam exorabant. itaque statim urceatim plovebat, aut tunc aut numquam, et omnes redibant udi tamquam mures. itaque dii pedes lanatos habent, quia nos religiosi non sumus. agri iacent—'

Oro te, inquit Echion centonarius, melius loquere. 'modo sic, modo sic' inquit rusticus; varium porcum perdiderat. quod hodie non est, cras erit: sic vita truditur. non mehercules patria melior dici potest, si homines haberet. sed laborat hoc tempore, nec haec sola. non debemus delicati esse, ubique medius caelus est. tu si aliubi fueris, dices hic porcos coctos ambulare. et ecce habituri sumus munus excellente in triduo die festa; familia non lanisticia sed plurimi liberti. et Titus noster magnum animum habet et est caldicerebrius; aut hoc aut illud, erit quid utique. nam illi domesticus sum, non est mixcix. ferrum optimum daturus est, sine fuga, carnarium in medio, ut amphiteater videat. et habet unde: relictum est illi sestertium trecenties, decessit illi pater male. ut quadringenta impendat, non sentiet patrimonium...

XLIV.

XLV.

plorabat

caldicer murat

niger tanquam coruus. noueram hominem olim oliorum : 7 adhuc salax erat. Non me
hercules illum puto in domo canem reliquisse : immo etiam puellarius erat. omnis
XLIV minervae homo. nec improbo. hoc solum enim secum tulit. Haec phileros dixit. illa
ganimedes narrat, is quod nec ad caelum nec ad terram pertinet : cum interim
nemo curat quid annona mordet. Non me heculus hodie buccam panis inue- 5
nire potui. 7 quomodo siccitas perseuerat : iam annum esurio. fuit. aediles male
eueniat qui cum pistoribus colludunt. serua me : seruabo te. itaque populus minutus laborat : nam isti maiores maxillae semper saturnalia agunt. O, si haberemus illos leones quos ego hic inueni cum primum ex asia ueni : illud erat uiuere.
similia sicilia interiores et laruas sic istos percolopabant : ut illis iupiter iratus esset 10
Sed memini safinium. tunc habitabat ad arcum veterem me puero. piper non homo.
is quacunque ibat terram adurebat. sed rectus, sed certus amicus amico cum
quo audacter posses in tenebris micare. in curia autem quo modo singulos uel pilabat tractabat. nec scemas loquebatur. sed dilectum cum ageret porro in foro
sic illius uox crescebat tanquam tuba : nec sudauit vnquam, nec expuit. Puto enim 15
nescio quid asia dis habuisse : 7 quam benignus resalutare, nomina omnium reddere,
tanquam unus de nobis. itaque illo tempore annona pro luto erat. asse panem quem
emisses, non potuisses cum altero deuorare. nunc oculum bublum uidi maiorem.
hey hey quotidie peius haec colonia, retrouersus crescit tanquam coda uituli. Sed
quare non habemus aedilem trium cauniarum : qui sibi mauult assem quam uitam nostram. 20
itaque domi gaudet, plus in die nummorum accipit, quam alter patrimonium haberet. Iam
scio vnde acceperit denarios mille aureos. sed si nos coleos haberemus, non tantum
sibi placeret. Nunc populus est domi leones : foras uulpes. quod ad me attinet
iam pannos meos comedi. 7 si perseuerat haec annona casulas meas vendam.
Quid enim futurum est si nec dij nec homines eius coloniae miserentur : ita meos fruni- 25
scar ut ego puto omnia illa aedilibus fieri. nemo enim caelum caelum putat. nem-
o ieiunium seruat. nemo iouem pili facit : sed omnes opertis oculis bona su-
a computant. antea stolatae ibant nudis pedibus in cliuum : passis capillis, mentibus
puris, 7 iouem aquam exorabant, itaque statim urceatim plouebat, aut tunc : aut
plouebat nunquam. 7 omnes ridebant : ut dij tanquam mures. itaque dij pedes lanatos habent, quia 30
XLV nos religiosi non sumus. agri iacent. Oro te inquit echion centonarius
melius loquere. modo sic modo sic inquit. Rusticus uarium porcum perdiderat.
quod hodie non est cras erit. sic uitatiditur. non me hercules patria melior
dici potest, si homines haberet. Sed laborat hoc tempore : nec haec sua. non debemus
delicati esse. ubique medius caelus est. tu si alicubi fueris dices hic porcos coc- 35
tos ambulare. 7 ecce habituri sumus munus excellente inter duo die festa, fa
milia non lanisticia sed plurimi liberti. 7 titus noster magnum animum habet
caldicer 7 est caldicer ebrius aut hoc aut illuderit. quod utique. nam illi domesticus
mixcix sum, non est mixcix. ferrum optimum daturus est sine fuca carnarium in medio ut ampliteatur uideat. 7 habet unde, relictum est illi sextercium tricencies, 40
decessit illius pater male, ut quadringenta impendat, non sentiet patrimonium

---

2—after *omnis* a single letter, perhaps *i*, struck through.   6 *aediles*—the *a* possibly corrected from some other letter.
8—if the stroke after *O* is meant to be a comma, it is unusually high up above the line.   10—*et* added above the line
(apparently by the original hand) with a *caret*-mark.   21—the first two letters of *nummorum* have perhaps been corrected
from something else, and look rather like *mi*.   *haberet*—I do not know if the scribe meant this. *habet* is in the text.
27 *ieiunium*—the final *m* perhaps corrected from another letter.   28 *computant*—written cōmputāt, but the line above the
o struck through.   29—after *puris* and 41—after *male* full-points struck through to make them into commas.

illi*us*: ꝛ sempiterno nomi*n*abit*ur*. iam manios aliquot habet, ꝛ mulierem esedariam, ꝛ dis-
pensatore*m* gliconis qui deprehensus est cum *d*ominam suam delectaret*ur*. videbis popu-
li rixam in*ter* zelotipos ꝛ maasiunculos. Glico aut*em* sexterciarius homo dispen-
satore*m* ad bestias dedit: hoc est seip*s*um traduc*ere*. quid s*er*uus peccauit qui coact*us*
5 est facere? magis illa matella digna fuit, qua*m* taurus iactaret: sed quia
sinu*m* non potest stratum c*ae*dit. quid aut*em* glicon putabat, hermogenis filicem,
unqu*am* bonu*m* exitum facturam: ille miluo uolanti poterat vngues resecare. co-
lubra restem non parit. Glic*o* glico dedit suas. itaq*ue* qu*am* diu vixerit ha*b*ebit
stigmam. nec illam nisi orcus delebit. sed sibi q*uis*qu*am* peccat. Sed subolfacio q*uia* no-
ꝛ bis epulum daturus est ma*m*mea, binos denarios mihi ꝛ meis, quod si hoc
fecerit erripiat norbano totu*m* fauore*m*. Scias oportet plenis uelis hunc
vincitur*um*. ꝛ re uera quid ille nobis boni fecit? dedit gladiatores sexter-
ciarios iam decrepitos, quos si sufflasses cecidess*ent*. Iam meliores bestia-
rios vidi. occidit de lucerna equites. putares eos gallos gallinaceos,
5 alter burdubasta, alter loripes terciarius mortuus pro mortuo, qui ha*b*et
neruia pra*e*cisa. unus alicuius flatur*ae* fuit thraex qui et ip*s*e ad dictata
pugnauit. ad su*m*mam om*n*es postea secti su*n*t: adeo de magna turba adhebe-
te acceper*an*t plane fug*ae* mer*ae*. munus tam*en* inquit tibi dedi et ego tibi
plodo. computa: et tibi plus do q*uam* accepi. manus manu*m* lauat. videris mihi a-

XLVI

o gamenon dic*ere*: quid iste argutat molestus: quia tu qui potes loquere non
loqui: non es no*st*rae fasciae. ꝛ ideo paup*er*orum verba derides. scimus te pra*e*
litteras fatuum ess*e*. quid ergo est. aliqua die te p*er*suadeam, ut ad villam venias,
ꝛ videas casulas no*st*ras. inueniemus quod manducemus. pullum, oua, belle
erit. etia*m* si om*n*ia hoc anno tempestas dispare pallauit. inueniemus ergo
5 unde saturi fiamus. etia*m* tibi discipulus crescit cicaro meus iam quatuor
parti dicit si vixerit ha*b*ebis ad latus s*er*uulum. Nam q*ui*cq*ui*d illi uacat caput
de tabula non tollit. ingeniosus est. ꝛ bono filo etia*m* si in naues morbosus
est. ego illi iam tres cardeles occidi, ꝛ dixi q*uia* mustella comedit. Inuenit
tam*en* alias naenias, ꝛ libentissime pingit. ceterum iam gr*ae*culis calcem imp*in*git

cardeles

o ꝛ latinas c*o*epit non male appet*ere*: etia*m* si magist*er* ei*us* sibi place*n*s sit. Nec
uno loco co*n*sistit. sed uenit dem litteras. sed non uult laborare. est ꝛ alter
non qu*i*dem doctus, sed curiosus qui plus docet qu*am* scit. itaq*ue* feriatis diebus solet
domum uenire. ꝛ q*ui*cq*ui*d dederis co*n*tentus est. Emi ergo nu*n*c puero aliquot libra rubricata q*uia* uolo illum ad domus ionem aliq*ui*d de iure gustare. ha*b*et
5 ha*e*c res panem: Nam litteris satis inquinatus est. q*uod* si resilierit, destinaui
illum artificij docere, aut constreinum, aut pr*ae*conem, aut certe causidicum, quod
illi auferre non possit nisi orchus, Ideo illi cotidie clamo, p*r*imigeni crede
mihi quicq*ui*d discis tibi discis. Uides phileronem causidicum, si no*n* didicisset
hodie fame*m* a labris no*n* abigeret. modo modo collo suo circu*m*ferebat on*era*
o uenalia. Nu*n*c etia*m* adu*er*sus norbanu*m* se extendit. Litter*ae* tesaurum est. ꝛ artificium nu*n*quam moritur. Eius mo*d*i fabulae uibraba*n*t cum t*r*imalchio intrauit ꝛ de-

XLVII

18—after *tibi* at the end of the line a single letter (*i*?) struck through.
he word might also be read *neruas*.   29 *naenias*—the second *n* is a little doubtful:

illic · 7 ſempiterno nominabit̃ · iaz manuaſ aliquot habet · 7 mulieze aſſidoaraſ / 7 diſ
penſatoze gt̃conia qui deprehenſus est · cuz dn̄am ſuaz delectaret̃ · videbis popu
li rixam int̃ zelotipoſ 7 amaſiunculoſ · Illico aut̃ ſexterciarius hamo diſpon
ſatoze ad beſtias dedit · hoc est ſpm̄ tradit̃oe · quid ſnuſ peccauit · qui coact̃
est · facere · magis illa matella digna fuit / qua taurus iactaret · ſed quia
ſimū non potest ſtratuz · cudit · quid aut̃ gt̃con putabat / hermogenis filioz
unqz bonū exituz facturū · ille miluo volant̃ poterat ungueſ reſecare · co
lubra reſteſ non parit · Illeo gt̃co dedit ſuas · itaqz q̄ diu vixerit · t̃ebit
ſtigmaz · nec illaſ niſi orcus delebit · ſed ſibi q̄ſqs peccat · ſed ſibolſteio ez no
bis epuliſ daturus est · ma̅ mea / binos denarioſ mihi · 7 meis / quod ſi hoc
fecerit eripiat norbano totū fauorē · ſciaſ oportet pleniſ velis hunc
vincuri · 7 ze uera quid ille nobis boni fecit · dedit gladiatoreſ ſexter
ciarioſ iam decrepitos / quoſ ſi ſufflaſſeſ cecidiſſet · iam meliozeſ beſtia
rios vidi · occidit de lucerna equiteſ · putareſ eos galloſ gallinaceoſ /
alter biadubaſta / alter loripes terciarius mortuus pro mortuo / qui ha
bernia ſeiſa · unus alicuiuſ flature fuit · t̃rex qui et ipſe ad dictata
pugnauit · ad ſummaz omeſ poſtea ſecti ſūt · adeo de magna turba adhere
bi acceperat plane fuge mere · minuiſ tn̄ inquit tibi dedi · et ego tibi
plodo · computa · et tibi plus do q̄ accepi · manus manū lauat · videris mihi a
gamemnon dicr̃ · quid iſte argutat moleſtuſ · quia tu qui potes loquere non
loqui · non es nr̃e farore · 7 ideo pauperum verba derides · ſcimus te pre
litteraſ fatuuz eſſe · quid ergo est · aliqua die te perſuadeaz / ut ad villaz venias /
7 videaſ caſulaſ nr̃aſ · inueniemus quod manducemus · pullū · oua / belle
erit etia ſi omnia hoc anno tempeſtas diſpare pallauit · inueniemus ergo
unde ſaturi fiamus · etia tibi diſcipuluſ creſcit cicaro meuſ iam q̄tior
parteſ dicit ſi vixerit t̃ebis ad latuſ ſuuilum · Nam q̄cqd illi vacat caput
de tabula non tollit · ingenioſus est · 7 bono filo etia ſi in aueſ morbosuſ
est · ego illiam treſ cardeles occidi · 7 dixi qz muſtella comedit · Inuenit
tn̄ aliaſ neniaſ · 7 libentiſſime pingit · cetez iam greculiſ calcez impigit
7 latinuſ cepit non male apetē · etia ſi magiſtʃ eiſſibi placēſ ſit · Nec
uno loco cūſiſtit · ſed venit dem litteraſ · ſed non vult laborare · est · 7 alter
non q̄dez doctuſ / ſed curioſuſ qui plus docet q̄ ſcit · itaqz feriatiſ diebʒ ſolet
domi venire · 7 q̄cqd dederiſ q̄tentuſ est · Emi ergo nr̃c puezo aliquot li
bra rubricata qz uolo illuz ad domuſ rōne aliqd de iure guſtare · t̃ebit
hec reſ panez · Nam litteriſ ſatis inq̄natuſ est · q̄s zeſlierit / deſtinaui
illuz artificii docere / aut̃ conſtrainuz / aut̃ peoneſ / aut̃ certe cauſidicū quod
illi auferre non poſſit · niſi orchuſ / ideo illi cotidie clamo / primigeni crede
mihi q̄cqd diſcis tibi diſciſ · Vides phlerones cauſidicū / ſi nō didiciſſet
hodie famē a labris nō abigeret · modo modo cōllo ſuo circumferebat ōa
uenalia · N̄ro etia adhuc norbanuſ ſe extendit · litte zeſcarius est · 7 art
ficiuz niſ qz morit · ſeius mōſ fabule intrabat · cū trimalchio intrauit · 7 de

⌐ XLVI

cardeleſ

⌐ XLVII

persa fronte ingesto manus lauit. spaciog; minimo inposito digitosg; udetergit capi
ti. Multus iam dieb; uenter mihi non respondit. nec medici se inueniunt. prefuit mihi in
maletorius et thela ex aceto. spero tn iam ueuterem pudore sibi imponit. Alioqun ci
rca stomacu mihi sonat putes taurum. itaq; siquis uestru uoluerit sua re causa face
non est quod illu pudeat. Nemo nostru solide natus est. ego nullus puto tam magnu
tormentu esse qu continere. hoc solu uetare ne ious potest. iubes furtiuare que
soles me iuote desamne facere. nec tn irctenio illuz uetui facere quod se iuuet.
et medici uetant gimere. uel siquid plus uenit omia foras parata sut. aqua la
siant. et cetera miutala. credite mihi anathimia is si in cerebrum it et in
toto corpore fluctus facit. multos scio sic perijsse dum nolut sibi uerm dicere.
gracias agimus liberæ liberalitat/ indulgentieq; eius et sibride castigamur
credite petiuimus zisus. Nec adhuc sciebam nos in medio lauticie quo aiut
duio laborare. nam cu muidaus ad simphoniaz mensis tres albi sues cir
cucius aducti sut cupistris et tintinabulis culti/ quor uuu biuu uoumcula
tor esse dicebat/ alter trimum/ tercius uu iam senex. ego putabam petaurista
rios intrasse/ et porcos sicut in circulis mos est portenta aliqua facturos.
sed trimalchio expectatioe discussa/ que inquit ex eis uultis in cena statim fieri.
gallus enim gallinaceu/ penthiacu et eiusmoi nenias zustici faciut. mei coci
etiam uitulos eno coctos solent facere. continuoq; cocu uocari iussit. et non ex
pectata electioe uize maximu natu iussit occidi. et clara uoce ex quota;
decuria es.? cu ille se ex quadrag-esima respondisset. empticius an inquit
domi natus es? Neutru inqt cocus. sed testamento pansæ tibi zelictus sum.
Vide ergo ait ut diligenter ponas. si non te iubebo in decuriaz uiatoz coniuci.
et qdez cocu potentia admonitus meculuaz obsonius duxit. Trimalchio aut
mit ad nos uultu zespexit. et uinu inquit si non placet mutabo. uos illud o
portet bonu facere. deoz binficio non emo. sed nuc qcqd ad saliuaz fauit
in suburbano nascit. eo q ego adhuc non noui. dicit confine esse tar
racinensib; et tarentinis. nuc coiungere agellos siciliaz uolo. ut cu affri
cam libuerit ize/ per meos fines nauigem. Sed nazza tu mihi qua agamenon
quã controuersiaz hodie declamasti. Ego aut si causas non ago/ in diuisioe in
literas didici. et ne me putes studia fastidiru/ tres bibliothecas teo. una
grecaz/ altera latinaz/ dic ergo si me amas/ perithesim declamationis tue
cu dixisset agamenon/ pauper et diues inimici erant/ ait trimalchio/ quid est pa
uper. urbane inqt agamenon. et nescio quã controuersiaz exposuit. statim
trimalchio hoc inqt si factu est/ controuersia non est. si factu non est/ nihil
est. Hec aliaq; cu effusissimis prosequeremur laudatib;/ rogo inqt agame
non mihi cazissime/ nuqd duodecim ezumpnas herculis tenes/ aut de Vlye
fabulaz/ qeadmodum illi cyclops pollicez pozuno extorsit. solebam hec ego
puer apud homeru legere. Nam sibillaz quidez cumis ego ipe oculis meis
uidi in ampolla pendere. et cu illi pueri dicerent/ sibilla ti theleis/ respondebat
illa/ apothan in thelo. Numquiz efflauerat omnia/ cu repositorium cu sue inge

tersa fronte unguento manus lauit. spacioque minimo interposito, ignoscite mihi inquit amici, multis iam diebus uenter mihi non respondit. nec medici se inueniunt. profuit mihi tamen maleicorum 7 taeda ex aceto. spero tamen iam ventrem: pudorem sibi imponit. Alioquin cir cha stomacum mihi sonat putes taurum. itaque siquis uestrum uoluerit sua re causa facere:

pudeatur   non est quod illum pudeatur. Nemo nostrum solide natus est. ego nullum puto tam magnum   5
tormentum esse quam continere. hoc solum uetare ne iouis potest: rides fortunata quae soles me nocte desomnem facere. nec tamen in triclinio ullum uetui facere quod se iuuet. 7 medici uetant continere. uel si quid plus uenit omnia foras parata sunt aqua la-ssant 7 cetera minutalia. credite mihi anathimia is si in cerebrum it, 7 in toto corpore fluctum facit. multos scio sic periisse dum nolunt sibi uerum dicere.   10
gracias agimus libera liberalitati, indulgentiaeque eius, et subinde castigamus crebris potiunculis risum. Nec adhuc sciebamus nos in medio lauticiarum quo aiunt diuo laborare. nam cum mundatis ad simphoniam mensis tres albi sues in tri-clinium adducti sunt capistris 7 tintinabulis culti, quorum vnum bimum nomencula-
tor esse dicebat, alterum trimum, tercium non iam senem. ego putabam petaurista-   15
rios intrasse, 7 porcos sicut in circulis mos est portenta aliqua facturos, sed trimalchio expectatione discussa, quae inquit ex eis uultis in cenam statim fieri? gallum enim gallinaceum, penthiacum et eiusmodi naenias rustici faciunt. mei coci etiam uitulos aeno cocto solent facere. continuoque cocum uocari iussit. 7 non ex-
pectata electione nostra maximum natu iussit occidi: 7 clara uoce ex quota   20
decuria es? cum ille se ex quadragesima respondisset: emticius an inquit domi natus? es, Neutrum inquit cocus. sed testamento pansae tibi relictus sum. Uide ergo ait ut diligenter ponas: si non: te iubebo in decuriam uiatorum coniici.

XLVIII   7 quidem cocum potentia admonitum in culinam obsonium duxit. trimalchio autem
miti ad nos uultu respexit: 7 uinum inquit si non placet mutabo. uos illud o-   25
portet bonum faciatis. deorum beneficio non emo. sed nunc quicquid ad saliuam facit in suburbano nascitur: eo quod ego adhuc non noui. dicitur confine esse tar-racimensibus 7 tarentinis. nunc coniungere agellis siciliam uolo: ut cum affri-cam libuerit ire, per meos fines nauigem. Sed narra tu mihi agamenon
quam controuersiam hodie declamasti. Ego autem si causas non ago, in diuisione tamen   30
litteras didici. 7 ne me putes studia fastiditum, tres bibliotecas habeo: vnam

+ ̄ ̄ ̄
circumstantiam   graecam, alteram latinam. dic ergo si me amas peristasim declamationis tuae.
cum dixisset agamenon, pauper 7 diues inimici erant, ait trimalchio, quid est pa-uper? urbane inquit agamenon: 7 nescio quam controuersiam exposuit. statim
trimalchio hoc inquit si factum est, controuersia non est. si factum non est, nihil   35
est. Haec aliaque cum offusissimis prosequeremur laudationibus, rogo inquit agame-non mihi carissime: numquid duodecim aerumpnas herculis tenes, aut de vlixe fabulam, quemadmodum illi ciclops pollicem poricino extorsit? solebam haec ego

⸪ti thelis   puer aput homerum legere. Nam sibillam quidem cumis ego ipse oculis meis
⋅l⋅quid vis   vidi in ampolla pendere. 7 cum illi pueri dicerent, sibilla tethilis, respondebat   40
XLIX   illa, apothan in helo. Nundum efflauerat omnia, cum repositorium cum sue ingen-

+
apothanithelo.
⋅l⋅moriar

4—dots under the first three letters of *putes*.   11—after *eius* apparently full point corrected into a comma.   13—probably *diuo*, just possibly *cliuo*.   13 *simphoniam*—the *n* corrected, perhaps from an *r*.   14 *adducti*—corrected by a *caret*-mark from *aducti*, probably by the original hand.   16—the commas after *intrasse* and *facturos* apparently corrected from full stops. 20—after *quota* a hyphen struck through.   22—dots under *es*.   27 *quod*—the ordinary sign, with *od* added in small letters above the line (? not by original hand).   27, 28—the word has usually been read *tarracimensibus*, but there are so many undotted *i*'s to be found that *tarraciniensibus* seems to me quite as probable.   30 *diuisione*—the second, third, and fourth letters again a little uncertain, because the *i*'s are not dotted.   31 *bibliotecas*—the first *i* over an erasure—whether of *u* or *y* it is impossible to say.   32—above the *er* of *peristasim* there is a mark of a dropped consonant. Two dots beneath this and a similar sign in the margin shew that it is wrong and to be disregarded.   38 *haec*—the *h* corrected from another letter. 40—over the first two letters of *tethilis* a triangle of dots ⸪ corresponding with the sign in the margin. After *tethilis* a full point apparently corrected into a comma.   41—over the first two letters of *apothan* a sign + corresponding with the similar sign in the margin.

ti mensam occupauit. mirari nos celeritate*m* c*o*epimus, 7 iurare ne gallum qu*i*dem gallina
cium tam cito p*e*rcoqui potuisse tanto quidem magis q*uod* longe maior nobis porcus uidebatu*r* esse q*u*am paulo ante aper fuerat. Deinde magis magisqu*e* tr*i*malchio intue*n*s
eu*m*, quid, quid, inq*u*i*t*, porcus hic non est exinteratus : non me hercules est. uoca
5 uoca cocu*m* in medio. cu*m* c*o*nstitisset ad mensam cocus tristis 7 dic*e*ret se oblitu*m*
esse exinterare. quid oblitus tr*i*malchio exclamat putes illum piper 7 cuminu*m*
non co*n*iecisse, despolia. non fit mora despoliat*ur* cocus : atqu*e* inte*r* duos torto-
res m*a*estus c*o*nsistit, deprecari tam*e*n om*n*es c*o*eperu*n*t, 7 dic*e*re, solet fieri, rogam*us*
mittes, postea si fecerit, nemo no*str*um pro illo rogabit. Ego crudelissim*ae* se-
10 ueritatis non potui me tenere, sed inclinat*us* ad aure*m* agamenonis, plane inquam hic debet s*e*ruus esse nequissimus. aliquis obliuisc*e*retur porcu*m* exinterare ?
non me hercules illi ignoscerem si piscem pr*ae*ter*i*sset. At non tr*i*malchio qui relaxa-
to in ilaritatem uultu, ergo inqu*i*t q*u*ia tam mal*ae* memori*ae* es, palam nobis illum ex-
intera. Recepta cocus tunica cultru*m* arripuit : porciqu*e* uentre*m* hinc atqu*e*
15 illinc timida manu secuit. nec mora ex plagis ponderis inclinat*i*one cre-
sce*n*tib*us* thumatula cu*m* botulius efusa su*n*t. plausum post hoc automatum
familia dedit, 7 gaio felicit*er* conclamauit. nec non cocus potio*n*e onerat*us*
est. etiam argentea corona : poculu*m* qu*e* in lance accepit corinthia : quam
cu*m* agamenon propius co*n*sideraret, ait tr*i*malchio solus sum qui uera corin-
20 thea ha*b*eam. expectabam ut pro reliqua insolentia dic*e*ret sibi uasa corintho afferri. sed ille melius 7 forsitan inquit qu*ae*ris, quare solus corinthea uera possi-
deam, q*u*ia scilicet *ae*rarius a quo emo corinthus uocat*ur*. quid est aut*em* corintheu*m*
nisi quis 'corinthum ha*b*eat ? et ne me putetis nesapiu*m* esse. valde bene scio, unde pr*i*mu*m* corinthea nata sint. cu*m* ilium captum est anibal homo uafer 7 ma-
25 gnus scelio om*n*es statuas aeneas 7 aureas 7 argenteas in unu*m* rogum co*n*-
gessit, 7 eas incendit fact*ae* su*n*t in vnu*m* *ae*ra muscillania : ita ex hac massa
fabri sustuleru*n*t, 7 feceru*n*t catilla 7 paropsides statu*n*cula sic corinthea nata sunt ex om*n*ib*us* in unu*m* nec hoc nec illud ignoscetis mihi quid dixero, ego
malo mihi uitrea, certe nolunt : q*uod* si non frang*e*rentu*r* mallem mihi q*u*am aurum,
30 nu*n*c aut*em* uilia su*n*t. Fuit tam*e*n faber qui fecit fialam uitrea*m* qu*ae* non frangeba-
tu*r*. admissus ergo c*ae*sarem est cu*m* suo munere. deinde fecit reporrig*e*re c*ae*sari, 7
illam in pauime*n*tum proiecit. Caesar non pote validius q*u*am expauit. at ille sustulit
fialam de terra. collisa erat tamq*u*am uasum aeneum. deinde martiolum de
sinu protulit : 7 fialam otio belle correxit. hoc facto putabat se coleum iouis
35 tenere. utiqu*e* postqu*am* illi dixit. nu*m*qu*i*d alius scit hanc co*n*dituram vitreoru*m* : uide
modo. postqu*am* negauit, iussit illum c*ae*sar decollari. q*u*ia e*n*im si scitum esset, aurum pro
luto ha*b*eremus. In argento plane studiosus sum. habo scyphos vrnales plus mi
nus quem*ad*mo*d*um cassandra occidit filios suos : 7 pueri mortui iacent sicuti ue-
re putes. ha*b*eo capidem quas reliquit patronoru*m* meus, ubi d*ae*dalus nyobam in
40 equu*m* troianu*m* includit. Nam hemerotis pugnasset petraitis in poculis. habeo om*n*ia ponderosa. meu*m* e*n*im intelligere nulla pecunia vendo. Haec du*m* refert,

L

LI N. Historiam

vasum
martiolum

LII

---

in mensam occupauit. mirari nos delectari cepimus · 7 iurare ne gallus qdē gallina
eius tam cito prodiri potuisse · tanto quidē magis q̄ longe maior nobis porcus ui-
debat̃ ee q̄ paulo ante aper fuerat · deinde magis magisq̄ tmalchio intuē-
s ait · quid quid ingt · porcus hic non est exinteratus · non me hercules est · uoca ·
uoca cocū in medio · cū coftitisset ad mensam cocus tristis · 7 dicet̃ se obitū
ee exinterare · quid oblitus tmalchio exclamat putes illum piper 7 cuminū
non coiecisse · despolia · non fit mora despoliat̃ cocus · atq̄ int̃ duos tozto-
res meftus coftitit · deprecari in omēs cepurit · 7 dicē · solet fieri · rogam?
omnes · postea si pecerit · nemo ntrū pro illo rogabit · Ego crudelissime se-
ueritate non potui me tenere · sed inclinat? ad aurē agamenonis · plane in-
quas hic debet seruus ee nequissimus · aliquis obliuiscet̃ porcū exinterare ·
non me hercules illi ignoscerē si piscē p̄misisset · At non tmalchio qui relaxa-
to in hilaritatem uultu · ergo ingt q̄ tam male memorie es · palam nobis illū ex-
intera · re cepta cocus tunicam cultū arripuit · porcuq̄ uentrē hinc atq̄
illinc tmida manu secuit · nec mora ex plagis ponderis inclinatos cre-
scentibz thumatila cū botulis efusa sūt · plausus post hoc automaton
familia dedit · 7 gaio feliciter conclamauit · nec non cocus potione oneratus
est · etiam azgentea corona · poculū q̄ in lance accepit cozinthia · quia
cū agamenon propius cōsideraret · ait tmalchio solus sum qui uera cozinthea habeam · expectabam ut pro reliqua insolentia diceret sibi uasa cozintho afferri · sed ille melius · 7 forsitan inquit queris · quare solus cozinthea uera possi-
deam · q̄ scilicet erarius a quo emo cozinthus uocat · quid est aut̃ cozinthū
nisi quis cozinthus habeat · et ne me putes nesapiū ee · ualde bene scio · unde p̄mū cozinthea nata sint cū ilium captū est · annibal homo uafer · 7 magnus ftelio omēs statuas aeneas · 7 aureas · 7 azgenteas in unū rogū cō-
gessit · 7 eas incendit facte sūt in unū era miscellania · ita ex hac massa
fabri sustulerunt · 7 fecerunt catilla 7 paropsides statiuncula sic cozinthea nata sunt ex omibz in unū nec hoc nec illud ignoscetis mihi quid dixero · ego
malo mihi uitrea · certe non olunt · q̄ si non frangerent mallē mihi q̄ aurū ·
nunc aut̃ uilia sūt · ❡ fuit tm̄ faber qui fecit fialam uitrea que non frangeba-
t̃ · admissus ergo cesarē est cū suo munere · deinde fecit repozzige cesari · 7
illā in pauimentū proiecit · Cesar non pote ualdius q̄ expauit · at ille sustulit
fialam de terra · collisa erat tanq̄ uasum aeneum · deinde mazziolum de
sinu protulit · 7 fialam otio belle correxit · hoc facto putabat se coleum iouis
tenere · utiq̄ postq̄ illi dixit · nigd alius scit hanc coditurā uitreoz · uide
modo · postq̄ negauit · iussit illū cesar decollari · q̄ uiz si scitū esset · aurū pro
luto haberemus ❡In argento plane studiosus sum · habeo scyphos urnales plus minus quadragint · cassandra occidit filios suos · 7 pueri mortui iacent sicut ue-
re putes · habeo capidez quas reliquit patronoz meus · ubi dedalus nyobam in
equū troianū includit · Nam hermerotis pugnas petraitis in poculis · habeo
omia ponderosa · meū eim intellige nulla pecunia uendo · He dū refert /

puer caldices poscit. ad qua respicies smalchio. certe inquit respm cede/& nugax
eo. statim puer demisso labore. at ille quid me inquit rogas/tanqa ego tibi molestus sim. suades a te imperes ne sis nugax. tandez ergo exoratq a nobis missione dedit puero. ille dimissus circa mensam percurrit. 7 aqua foras/vinu
intro clamauit. Excipimus vrbanitatez iocantis. 7 ante omes agamenon
qui sciebat quibz meritis reuocarez ad cenam. ceterz laudatus smalchio
ilarius bibit/etia ebrio proximus. Nemo inquit uriuz rogat fortunata mea
ut saltet. credite mihi. cordacem nemo melius ducit. atqz ipe erectis sup
frontez manibz sirum histrione exhibebat concinete tota familia madeia
perimadeia. 7 prodisset in mediuz nisi fortunata ad aurez accessisset. 7
credo dixerit/non decere grauitatez eius tam humiles ineptias. nihil aut
tam inequale erat. nam modo fortunata sua reuisebat/modo ad naturaz

[LIII.
7 plane interpellauit saltatoris libidine actuariz/qui tanqa urbis acta recitauit. Vii kalas sextiles in predio cumano quod est rmalchionis. nati
sut pueri xxx. puelle xl. Sublata in orreum ex area tritici millia mo-
diuz quingenta. boues domiti quingen. eodez die mithridate seruus in crucez
actus est/q geni uri genio maledixerat. eodez die in arca relatu est
quod collocari no potuit sexterciuz centies. eodez die incendiuz factu est
in ortis pompeianis ortuz ex edibz naste uillici. Quid inqt rmalchio
quado mihi pompeiani orti empti sut. anno priore inquit actuariz. 7
ideo in ratione nundu veneruit. excanduit smalchio. 7 quicqd inquit mihi fun-
di empti fuerit/nisi intra sextu mesem sciero in rationes meas inferri uolo.
iam etia edicta edilius recitabat/7 saltuariorz testamenta/quibz smalchio cu
elogio exheredabat. iam nota uillicorz/7 repudiata a circumitore. liberta in
balneatoris contubernio deprehensa. 7 atriensis baias relegatus/iaz reus
factus dispensator. 7 iudiciu int cubiculacios actu/petauristariu aut tandez
veneruit. baro insulsissimus cu scalis costitit/pueruq iussit per gradus. 7 in
suma parte odaria saltare. circulos deinde ardentes transire/7 dentibz amph-
oraz sustine. mirabatur hec solus rmalchio. dicebatq ingratuz artificiu
esse. ceteru duo esse in rebz humanis que libetissime spectaret/petauristarios
7 cornicines. reliqua animalia circumtercircis meras esse. Nam 7 comedos
inquit emeram/7 malui illos atellana facere/7 choraulen meu iussi latine
cantare. tu maxime hec dicente gaius puer rmalchionis delapsus est. conclamauit familia. nec minus conuiue. non propter hoiez tam putidus. cuius 7 ceruices fractas libent uidissent. sed propter malu exitu cene/ne necesse fuisset a-
lieno mortuu plorare. ipe rmalchio cu grauit ingemuisset/supq brachiu
tanq lesuz incubuisset. concurrere medici/7 int primos fortunata crinibz passis cu
scypho. miseramq se atqz infelice proclamauit. Naz puer qdez qui ceciderat/circa
ibat iaz dudu pedes nros. 7 missione rogabat. pessime mihi erat. ne his precibus ꝑ aliqd catastropha querer. Nec ui adhuc exciderat cocus ille qui oblitus
fuerat porcu exinterare. itaqz totu circuspice teclinium cepi/me per parietem

[LIV.

petauristarii

putidus

puer calicem proiecit. ad quem respiciens trimalchio : cito inquit te ipsum caede, quia nugax
es. statim puer demisso labrore. at ille quid me inquit rogas? tanquam ego tibi molestus sim. suadeo a te impetres ne sis nugax. tandem ergo exoratus a nobis missionem dedit puero. ille dimissus circha mensam percucurrit : 7 aquam foras, vinum
intro clamauit. Excipimus vrbanitatem iocantis. 7 ante omnes agamenon   5
qui sciebat quibus meritis reuocaretur ad cenam. ceterum laudatus trimalchio
ilarius bibit, etiam ebrio proximus : Nemo inquit uestrum rogat fortunatam meam
ut saltet. credite mihi : cordacem nemo melius ducit. atque ipse erectis super
frontem manibus sirum histrionem exhibebat concinente tota familia madeia
perimadeia : 7 prodisset in medium nisi fortunata ad aurem accessisset. 7   10
credo dixerit, non decere grauitatem eius tam humiles ineptias. nihil autem
tam inaequale erat : nam modo fortunatam suam reuertebatur, modo ad naturam.

LIII 7 plane interpellauit saltationis libidinem actuarius, qui tanquam urbis acta recitauit. uiiº kalendas sextiles in praedio cumano quod est trimalchionis. nati
sunt pueri xxxta. puellae xl. sublata in orreum ex area tritici millia mo-   15
dium quingenta. boues domiti quingenti. eodem die mitridate seruus in crucem
actus est, quia gai nostri genio maledixerat. eodem die in arcam relatum est
quod collocari non potuit sextercium centies. eodem die incendium factum est
in ortis pompeianis ortum ex aedibus nastae uillici. Quid inquit trimalchio
quando mihi pompeiani orti empti sunt? anno priore inquit actuarius : 7 i   20
deo in rationem nundum venerunt. excanduit trimalchio : 7 quicunque inquit mihi fun-
di empti fuerint, nisi intra sextum mensem sciero in rationes meas inferri uetu-
o, iam etiam edicta aedilium recitabantur, 7 saltuariorum testamenta, quibus trimalchio cum
elegio exheredebatur. Iam nomina uillicorum, 7 repudiata a circumitore. liberta in
balneatoris contubernio deprehensa. 7 atriensis baias relegatus, iam reus   25
petauristarij factus dispensator, 7 iudicium inter cubicularios actum, petauristarij autem tandem
venerunt, baro insulsissimus cum scalis constitit, puerumque iussit per gradus : 7 in
summa parte odaria saltare : circulos deinde ardentes transire, 7 dentibus amphoram sustinere. mirabatque haec solus trimalchio. dicebatque ingratum artificium
esse. ceterum duo esse in rebus humanis quae libentissime spectaret, petauristarios   30
ö 7 cornices. reliqua animalia crömataricas meras esse. Nam 7 comoedos
inquit emeram 7 malui illos atellam facere, 7 choraulen meum iussi latine
LIV cantare. cum maxime haec dicente gaio puer trimalchionis delapsus est conclamauit familia. nec minus conuiuae : non propter hominem tam p̄uditum. cuius 7 cer-   p̄utidum
uices fractas libenter vidissent. sed propter malum exitum cenae, ne necesse haberent a- 35
lienum mortuum plorare. ipse trimalchio cum grauiter ingemuisset, superque brachium
tanquam laesum incubuisset, concurere medici, 7 inter primos fortunata crinibus passis, cum
scypho miseramque se atque infelicem proclamauit. Nam puer quidem qui ceciderat, circum
ibat iam dudum pedes nostros 7 missionem rogabat. pessime mihi erat ne his precibus
periculo aliquid catastropha quaereretur. Nec enim adhuc exciderat cocus ille qui oblitus   40
fuerat porcum exinterare : itaque totum circumspicere triclinium coepi, ne per parietem

---

2—the stop after *rogas* is a little doubtful. It appears to be a comma afterwards altered into a question mark. 23—after
o a full point corrected into a comma or *vice versâ*. 25, 26—after *relegatus* and *actum* what appear to be full stops corrected
into commas. 30 *petauristarios*—dots under the *u* and the first *r*. 32 *choraulen*—the *ho* possibly corrected from other letters.

automatum aliquod exiret. utique postquam seruus uerberari coepit, qui brachium domini con- LV
tusum, alba potius quam conchiliata inuoluerat lana : nec longe aberrauit suspi-
cio mea : in uicem enim cenae uenit decretum trimalchionis quo puerum iussit liberum
esse nequis posset dicere tantum uirum esse a seruo liberatum. Comprobamus nos factum,
5 7 quam in praecipiti res humanae essent uario sermone garrimus : ita inquit trimalchio
non oportet hunc casum sine inscriptione transire, statimque codicillos poposcit. 7 non
diu cogitatione distorta haec recitauit·

Q Uod non expectes ex transuerso fit.
Et super nos fortuna negocia curat. ❡ Disticon trimalchionis est   ö
10 cum elego suo. ❡ Quare da nobis uina falerna puer. ❡ Ab hoc epi-
gramate coepit poetarum esse mentio. diuque summa carminis penes mopsum
trachem memorata est. donec trimalchio rogo inquit magister : quid putas inter ciceronem 7 publium interesse. ego alterum puto disertiorem fuisse, alterum
honestiorem. quid enim his melius dici potest—

15 L Uxuriae ritu martis marcent moenia
Tuo palato clausus pauo nascitur
Plumato amictus auro babilonico
Gallina tibi numidica, tibi gallus spado
Ciconia etiam grata peregrina hospita
20 Pietatis cultrix gracilis pes crotalistria
Auis exul hiemis titulus tepidi temporis
Nequiciae nidum in cacabo fecit meo
Quo margarita cara tribaca indica
An ut matrona ornata phaleris pelagiis
25 Tollat pedes indomita in strato extraneo
Smaragdum ad aquam rem uiridem preciosum uitrum
Quo carchedonios optas ignes lapideos
Nisi ut scintillet probitas est carbunculus
aEquum est inducere nuptam uentum textilem
30 Palam prostare nudam in nebula lunae.

Q Uod autem inquit putamus secundum litteras difficilimum esse artificium   LVI
ego puto medicum 7 numularium. medicus qui scit quid homunciones
intra praecordia sua habeant : 7 quando febris ueniat, etiam si illos odi pessime,
quod mihi iubent saepe anatinam parari. nummularius qui per argentum aes
35 uidet. nam mutae bestiae laboriosissimae boues 7 oues : boues quorum beneficio panem manducamus : oues quod lana illae nos gloriosos faciunt. et facinus indignum aliquis ouillam esset tunicam habet. Apes enim ego diuinas
bestias puto, quae mel uomunt etiam si dicuntur illud a ioue afferre : ideo autem
pungunt quia ubicunque dulce est, ibi 7 acidum inuenies : Iam etiam philosophos

---

1 *seruus*—corrected from *seruos*.   6—after *sine* an *s* erased.   20 *gracilis*—a dot under the *s*.   24—in spite of the
fact that neither *i* is dotted, I think on the whole that the word is *pelagiis* and not *pelagus*.   26 *rem*—the *e* corrected
from another letter, possibly *a*.   30 *prostare*—the *a* corrected from another letter. An *r* may possibly have followed the *t*.

automari aliquid exciet· utq3 postq3 fervus vexerari cepit· qui brachium diu con-
tritum· alba potius q3 conchiliata involuerat lana· nec longe aberrant· fufpi-
cio mea· in vieri eni3 cene venit decretu trimalchionis quo pueri inter liber
esse nequit posset dicere tantu viri esse a fuo liberari· pro probant nos facti·
7 q3· in precipiti res humane essent· vario fimone q3uimus· ita inq3 trimalchio
non oportet hic casus fine fino scribere tranfire· statimq3 codicellos popofcit· 7 no
diu cogitatoe distorta hec recitavit —

O Quod non expectes ex tranfuerfo fit·
Et fup nos fortuna negocia curat· ¶ Distichon trimalchionis est
cum ego fio· ¶ Quare da nobis vina falerna puer? ¶ Ab hoc epi-
gramate cepit poetaru effe mentio· diuq3 fuma carminis penes mopfum
trachem memorata est· donec trimalchio rogo inquit magister· quid putes inter ciceronem 7 publiu interesse· ego alteru puto disertiore fuisse· alteru
honeftiore· quid eni3 his melius dici potest —

L Luxurie vince marcent moenia
Tuo palato clansus pavo nascitur
Plumato amictus auro babilonico
Gallina tibi numidica tibi gallus spado
Ciconia etiam grata peregrina hospita
Pietatis culxix gracilipes crotalistria
Avis exul hiemis titulus tepidi temporis
Nequicie nidu3 in caccabo fecit meo
Quo margarita cara tu baca indica
An ut matrona ornata phaleris pelagus
Tollat pedes indomita in strato extraneo
Smaragdus ad quam rem virides preciofus vitru3
Quo carchedonios optas ignes lapideos
Nifi ut fcintillet probitas e3 carbunculus
Equu3 est matrone nuptas ventus texeres
Palam prostare nudas in nebula linee ·

Quod aut inquit putamus fecundus litteras difficilimu esse artificiu3·
ego puto medicu3 7 numulariu3· medicus qui fcit quid homunciones
intra precordia sua habeant· 7 qn febris veniat· etia fi illos odi pessime·
q3 mihi iubet fepe anatina3 parari· numularius qui per argentu3 es
videt· nam mute beftie laboriofissime boues 7 oues· boues quare beneficio panez manducamus· oues q3 lana ille nos gloriofos faciut· et facinus indignu3 aliquis ovillas eft tunica3 habet· Apes eni3 ego divinas
beftias puto· que mel vomit etia fi dicut· illud a ioue attere· ideo aut
pungit q3 ubicuq3 dulce est· ibi 7 aculeus invenies· Jam etia philofophos

LV

supra directum
ad C·17

supra repetit· verfus
ad C·17

hoc reperiuntur
supra, pag· 155·

LVI

+ refutum

de negotio deiciebat cum pittacia in scypho circumferri coeperunt. puerque super hoc
positus officium apophoreta recitavit. argentumque sceleratum. allata est perna supra quam acetabula erant posita. cervical offla collaris. pittata est serisapia
et contumelia. xerophagiae e sale datae sunt. et contus cum malo. porri et persica
flagellum et cultrum accepit. et muscarium uvam passam et mel Atticum
cenatoria et forensia offlam et tabulas accepit. canale et pedale leporem et
soleam est allata muraena et littera murem cum rana alligata fascemque betae
diu risimus. Sexcenta huiusmodi fuerunt que iam exciderunt memoriae meae. Ceterum
Ascyltos intemperantis licentiae cum omnia sublatis manibus eluderet. et usque ad lacrimas rideret. unus ex conlibertis Trimalchionis excanduit. is ipse qui super me
discumbebat. et quid rides inquit berbex. an tibi non placent lautitiae domini
mei. tu enim beatior es. et convivare melius soles. ita tutelam huius loci habeam
propitiam ut ego si secundum illum discumberem. iam illi balatum dedissem. bellum
pomum qui rideat alios. laripa nescio quis nocturnus qui non valet loti-
um suum. ad summam si circumminxero illum. nesciet qua fugiat. non mehercu-
lem soleo cito fervere. sed in molle carne vermes nascuntur. ridet. quid habet quod rideat. numquid pater fetum emit. eques Romanus es. et ego
regis filius. quare ergo servivi. quia ipse me dedi in servitutem. et malui ci-
vis Romanus esse quam tributarius. et nunc spero me sic vivere ut nemini iocus
sim. homo inter homines sum. capite aperto ambulo. assem aerarium nemini de-
beo. constitutum habui numquam. nemo mihi in foro dixit redde quod debes.
glebulas emi. lamellulas paravi. viginti ventres pasco. et canem. contubernalem meam redemi. ne quis in illius manus tergeret. mille denarios pro capite solvi. sevir gratis factus sum. spero sic moriar ut mortuus non e-
rubescam. tu autem tam laboriosus es. ut post te non respicias. in alio peduclum vides. in te ricinum non vides. tibi soli ridiclei videmur. ecce magister tuus homo maior natus. placemus illi. tu lacticulosus nec mu nec
ma argutas. vasus fictilis. immo lorus in aqua lentior. non melior. tu
beatior es. bis prande. bis cena. ego fidem meam malo quam thesauros. ad summam quisquam me bis poposcit. annis quadraginta servivi. nemo tamen scit ut-ut-
rum servus essem an liber. et puer capillatus in hanc coloniam veni. adhuc basi-
ca non erat facta. dedi tamen operam ut domino satisfacerem homini maiesto et
dignitosso cuius pluris erat unguis quam tu totus es. et habebam in domo qui
mihi pedem opponerent hac illac. tamen genio illius gratias enatavi. haec sunt
vera athla. nam in ingenuum nasci tam facile est. quam accede istoc. quid
nunc stupes tamquam hircus in ervilia.

Post hoc dictum Giton qui ad pedes stabat risum iam diu compressum etiam
indecenter effudit. quod cum animadvertisset adversarius Ascylti. flexit
convicium in puerum. et tu autem inquit etiam tu rides. caepa cirrata. o Saturnalia
rogo mensis december est. quando vicesimam numerasti. quid faciat crucis offla.

LVII

Vanex

pediculus
ricinus

muricona

LVIII

tridech
cepa
pizata

·|·
+ refutata

o

de negocio deiciebat : cum pittacia in scypho circumferri coeperunt. Puerque super hoc
positus officium apophoreta recitauit. argentum sceleratum. allata est perna supra quam acitabula erant posita, ceruical offla colaris, allata est serisapia
7 contumelia aecrophagiae saeledatae sunt : et centus cum malo. porri 7 persica   5
flagellum 7 cultrum accepit passeres : 7 muscarium uuam passam 7 mel atticum
cenatoria 7 forensia offlam 7 tabulas accepit : canalem 7 pedalem lepus, 7
solea est allata murenam 7 litteram murem cum rana alligatam. fascem que betae

LVII diu risimus. Sexcenta huiusmodi fuerunt quae iam ceciderunt memoriae meae. Ceterum
ascyltos intemperantis licentiae cum omnia sublatis manibus eluderet, 7 usque ad la   10
crimas rideret, unus ex conlibertis trimalchionis excanduit, is ipse qui supra me

··
veruex

discumbebat. et quid rides inquit bërbex? an tibi non placent lauticiae domini
mei? tu enim beatior es, 7 conuiuare melius soles. ita tutelam huius loci habeam
propiciam ut ego si secundum illum discumberem iam illi balatum duxissem. bellum
pomum qui rideatur alios larifuga nescio quis nocturnus qui non ualet loti-   15
um suum. ad summam si circumminxero illum, nesciet qua fugiat. non me hercu
lem soleo cito feruere : sed in molle carne vermes nascuntur. ridet : quid habet quod rideat? numquid pater faetum emit? lamna eques romanus es. 7 ego
regis filius : qua re ergo seruiuisti? quia ipse me dedi in seruitutem. 7 malui ciu-
is romanus esse quam tributarius. et nunc spero me sic uiuere, ut nemini iocus   20
sim. homo inter homines suos, capite aperto ambulo. assem aerarium nemini de
beo. constitutum habui nunquam. nemo mihi in foro dixit redde quod debes.
glebulas emi. lamellulas paraui. viginti ventres pasco. et canem contubernalem meam redemi, ne quis in illius manus tergeret. mille denarios pro capite solui. seuir gratis factus sum. spero sic moriar ut mortuus non e-   25
rubescam. tu autem tam laboriosus es, ut post te non respicias. in alio pedu-

peduclum
ricium
munecma

clum vides. in te ricium non vides. tibi soli ridiclei videmur. ecce magister tuus homo maior natus. placemus illi. tu laeticulosus nec munecm-
ma arguta suasus fictilis immo lorus in aqua lentior, non melior, tu
beatior es, bis prandebis cena. ego fidem meam malo quam tesauros. ad sum-   30
mam quisquam me bis poposcit. annis quadraginta seruiui. nemo tamen scit utrum
seruus essem an liber. 7 puer capillatus in hanc coloniam veni. adhuc basili-
ca non erat facta. dedi tamen operam ut domino satisfacerem homini mali isto, 7
dignitosso cuius pluris erat vnguis quam tu totus es. 7 habebam in domo qui
mihi pedem opponerent. hac illac tamen, genio illius gratias, enataui. haec sunt   35
uera. athlanam in ingenuum nasci tam facile est, quam accede istoc. quid
nunc stupes tanquam hircus ineruilia?

LVIII POst hoc dictum giton qui ad pedes stabat risum iam diu compressum etiam
indecenter effudit : quod cum animaduertisset aduersarius ascylti, flexit
conuitium in puerum. 7 tu autem inquit etiam turdes, caepa pirrata, o saturnalia,

turdes
caepa
pirata

rogo mensis december est, quando vicesimam numerasti : quid faciat crucis offla.   40

2—over the *ap* of *apophoreta* a mark ·|· corresponding to that in the margin.   3 *colaris*—the *o* corrected from some other
letter. The *o* in the margin may refer to this, although it is more on the level of the next line.   16 *feruere*—the *u* probably
corrected from some other letter.   17 *lamna*—or *lanna*. Over it is written *at*. *lena* in the same hand as *phan* 209₃₄·
Bursian thought it to be a different hand to the writing of the text. After *ego* at the end of the line a mark which may be a
single letter.   20 *neminide*—written as a single word and separated by a hair-line.   23 *nequis* and *inillius*—both originally
written as single words and separated by hair-lines.   27—the marginal *ricium* apparently corrected from *riccum*.

coruorum cibaria. curabo iam tibi iouis iratus sit. et isti qui tibi non imperat ita satur
pane fiam, ut ego istud cum liberto meo dono: alioquin iam tibi depraesentiarum reddidissem
bene nos habemus aut isti geuge qui tibi non imperant. plane qualis dominus talis 7 seruus.
uix me teneo, 7 sum natura caldus cicer eius cum coepi matrem meam dupundii non facio rec-
5 te. uidebo te in publicum mus ymo terrae tuber. nec sursum nec deorsum non cresco nisi dominum tuum in rutae folium non coniecit. nec tibi par ero. licet mehercules iouem
olimpium clames, curabo longe tibi sit comula ista besalis 7 dominus dupunduarius. recte uenies sub dentem. aut ego non me noui, aut non deridebis licet barbam aure-
am habeas. sathana tibi irata sit curabo 7 qui te primus deuro de fecit. non didi-
10 ci geometrias cretica 7 alogias menias, sed lipidarias litteras scio. partes centum dico ad aes ad pondus. ad nummum, ad summam siquid uis ego et tu sponsiunculam
exi defero lamna. iam scies patrem tuum mercedes perdidisse: quamuis 7 rethoricam sci-
o. ecce quidem nobis longe uenio. late uenio. solue me. dicam tibi qui de nobis cur-
rit, 7 de loco non mouetur. qui de nobis crescit 7 minor fit. curris, stupes, satagis,
15 tanquam mus in matella. ergo aut tace, aut meliorem noli molestare, qui te natum
non putat, nisi si me iudicas anulos buxeos curare quos amicae tuae inuolasti. Occu-
ponem propicium eamus in forum 7 pecunias mutuemur. iam scies hoc ferrum fidem habere. uah bella res est uolpisuda. ita lucrum faciam. 7 ita bene moriar, aut populus per exitum meum iuret, nisi te toga ubique peruersa fuero persecutus. bella res.
20 7 iste qui te haec docet mufrius non magister didicimus. dicebat enim magister.
sunt uestra salua recta. domum caue. circumspicias. caue maiorem maledicas.
aut numera mappalia. nemo dupondij euadit. ego quod me sic uides propter artificium meum dijs gratias ago. Coeperat ascylto respondere conuicio. Sed trimalchio de-

lectatus colliberti eloquentia, agite inquit scordalias de medio. suauiter sit. po-
25 tius 7 tu hermeros parce adulescentulo. sanguen illi feruet. tu melior esto semper. in hac re qui uincitur, uincit: 7 tu cum esses capo coco coco. atque cor non
habeas. simus ergo quod melius est. aprimitis hilares, 7 homeristas spec-
temus. intrauit factio statim: hastisque scuta concrepuit: ipse trimalchio in
puluino consedit. 7 cum homeristae graecis uersibus colloquerentur, ut insolenter so-
30 lent, ille canora uoce latine legebat librum. Mox silentio facto, scitis inquit quam fabulam agant. diomedes 7 ganimedes duo fratres fuerunt, horum
soror erat helena. agamenon illam rapuit: 7 dianae ceruam subiecit. ita
nunc homeros dicit quemadmodum inter se pugnent troiani 7 parentini. uicit

scilicet: et efigeniam filiam suam achilli dedit vxorem. ob eam rem aiax in-
35 sanit. 7 statim argumentum explicabit. Haec ut dixit trimalchio clamorem
homeristae sustulerunt, interque familiam discurrentem uitulus in lance dunaria
elixus allatus est. 7 quidem galeatus secutus est aiax: strictoque gladio, tamquam insaniret, concidit: ac modo uersa modo spuma gesticulatus mucro-
ne frustra collegit: mirantibusque uitulum partitus est. Nec diu mirari

40 licuit tam elegantes scrophas, nam repente lacunaria sonare coeperunt.
totumque triclinium intremuit. consternatus ego exsurrexi. 7 timui ne per

---

1—the marginal *catis* is rather doubtful, but the word can hardly be *casus*, for which it must be meant. 5 *in publicum*—
possibly *impublicum.* 7 *clames*—the *a* possibly corrected from another letter. *dupunduarius*—the first *u* possibly corrected
from *i.* 8 *sub dentem*—just possibly written as a single word. 10 *lipidarias*—a small cross, or letter struck through,
above the *p.* 12 *lamna*—cf. 218₁₇. *quamuis*—possibly two words. 34 *scilicet*—the first *c* added, with a *caret*-mark,
above the line. 36 *sustulerunt*—the third *u* probably altered from another letter.

cornor erbaria. curabo iam tibi iouis iratus sit. et tu qui tibi non imperas ita satur
panem faciam. ut ego istud cu liberto meo dono. alioquin iamdudum depuriam reddidissem
bene nos habemus aut isti gregi qui tibi non imperat. plane qualis dns talis serus
uix me teneo. 7 sum natura caldus cerebellus cu cepi matre mea stupidum no sieto re-
rto. uidebo te in publicum minus ymo mure ribes. nec sursum nec deorsum non cresco nisi dnm tuum in rutae folium non facit. nec tibi parco. licet mehercules iones
olimpus clames. curabo longe tibi sit comula ista besalis. 7 dns dupundiari. re-
te uenies subdentes. aut ego non me noui/aut non deridebis licet barbam aureas habeas. sathana tibi irata sit curabo. 7 qui te primum deuro defecit. non didici
er geometras critica 7 alogias menias/sed lipidarias literas scio. partes centum dico ad aes/ad pondus. ad nummum/ad siima sega uis ego et tu sponsiumciilas
exi defero lanam. iam scies patre tuum mercedes perdidisse. quamuis 7 rethoricam sti-
o. ecce quidem nobis longe nemo. late nemo. solue me. dicam tibi qui de nobis cur-
rit. 7 de loco non mouet. qui de nobis crescit. 7 minor fit. curris stupes/satagis
tanquam mus in matella. ergo aut tace aut meliore noli molestare/qui te natum
non putat/nisi si me iudicas anulos buxeos curare quos amice tue inuolasti. occu-
pones propicius. eam in foruz. 7 pecunias mutuem. iam scies hoc ferrum fidem habere. uah bella res est uulpisuda. ita lucrum faciam. 7 ita bene moriar/aut populus per exitum meum iuret nisi te toga ubiq; peruersa fuero persecutus. bella res.
7 iste qui te hec docet muttus non magister didicimus. dicebat ego magister
sunt uestra salua recta. domum caue. circispicias. caue maiore maledicas.
aut numera mappalia. nemo dupondii euadit. ego quod me sic uides xpm artifici-
us meum dijs gratias ago. Ceperat ascylto respondere conuicio. sed trimalchio de-

lectatus colliberti eloquentia agite inquit scordalias de medio. suauius sit. potius. 7 tu hermeros parce adulescentulo. sanguen illi feruet. tu melior esto semper. in hac re qui uincitur uincit. 7 tu cum esses capo coco coco. atque cor non
habeas. simus ergo quod melius est. apximimus hilares/7 homeristas specta-
temus. intrauit facto statim. hastaseq; scuta concrepuit. ipse trimalchio in
puluino consedit. 7 cum homeriste grecis uersibus colloquierent/ut insolent so-
lent/ille canora uoce latine legebat librum. Mox silentio facto/scitis inquit quia fabulas agat. diomedes 7 ganimedes duo fratres fuerunt/horum
soror erat helena. agamenon illas rapuit. 7 diane ceruas subiecit. ita
nunc homeros dicit quemadmodum inter se pugnent troiani 7 parentini uicit

scilicet. et erigeniam filiam suam achilli dedit uxorem. ob eam rem aiax in-
sanit. 7 statim argumentum explicabit. Hec ut dixit trimalchio clamore
homeriste sustulerunt. interque familiam discurrietes uitulus in lance ducaria
elixus allatus est. 7 quidem galeatus soctius est aiax. strictoq; gladio/tan-
quam insaniret/concidit. ac modo uersa modo supina gesticulatus mucro-
ne frustra collegit. mirantibusq; nuditis partitus est. Nec diu mirari

licuit tam elegantes scrophas/nam repente lacunaria sonare ceperunt.
totumq; triclinium intremuit. consternatus ego exsurrexi. 7 timui ne

tremus percurristis alique descendit. nec minus reliqui conuiue mirantes erexera
nullus expectantes quid noui de celo nuciaret. Ecce aut deductis laqueariis subi
to crepidus ingens de capsa uidelicet grandi excussus demittit, cui per totu orbem
corone auree cū alabastris unguenti pendebat. du hec apophoreta iubemur
sumere, respicies ad mensam. iam illic repositorium cū placentis aliquod erat positum,
quod medius papus a pistore factus tenebat, quemíoque satis amplo omis genus poma
7 unas sustinebat more uulgato. auidius ad pompam manus porreximus, 7 re
pente noua ludoz remissio hilaritatem hic refecit. omes aut placente, omiaque
poma etiam minima uexatos cotecta ceperut effunde croxu, 7 usque ad nos
molestus humor accede. rati ergo sacrum esse peculiu tam religioso appara
perfusus cosurreximus altius, 7 augusto patri patrie feliciter diximus. quibusdam
tn etiam post hanc uenatoez poma rapientibz, 7 ipsas mappas impleuim. Ego p
cipue qui nullo satis amplo munere putabam me onerare gytonis sinu. Inter
hec tres pueri candidas succincti tunicas intrauerut, quoz duo lares bullatos
sup mensam posuerut, unus pateram uini circumferens du spiros clamabat. aiebat aut
uinu cerdonis, alterũ felicionem, tertiũ lucrone uocari. nos etiā uera imagine
ipsius tmalchionis ctuiaz omes basiaret erubuimus preterire ~

LXI.

Postque ergo omes bona mente bonaque ualitudinem sibi optauit, tmalchio
ad niceroten respexit. 7 solebas inquit suauius esse in conuictu. nesc
io quid. nec taces. nec mutes. oro te sic felices me uideas. narra illud qd
tibi usu uenit. Niceros delectatus affabilitate amici, omne me inquit lucrũ
transeat nisi iam dudū gaudimonio dissilio qd te talem uideo. itaque hilaria mea
sint, 7 si timeo istos scolasticos ne me derideant, uiderit. narrabo tam
quid eis, mihi aufert qui rideat; satius est ridere qd derideri. Hec ubi dicta de
dit talem fabulam exorsus est. Cū adhuc seruirem habitabamus in uico angu
sto (nūc gauille domus est) ibi quomodo dii uoluit, amare cepi uxore terentii
coponis. nouerato melissam tarentinam, pulcherrimu bacciballum. sed ego nō
me hercules corporalit aut, aut propter res uenereas curaui, sed magis qd be
ne moriat fuit. si quid ab illa petii nūquam mihi negatum fecit. assem, semissem,
habui, in illius sinu demandaui. nec umqz fefellitus sim, huius contubernalis. Ad
uillas supremū diem obiit. itaque p fortuz per uices extra manum, queadmom ad
illam puenirem aut in angustiis amici apparet, forte dūs capue exierat ad
scruta scita expedienda. nactus ego accasioez psuadeo hospitez nrus ut me
cum ad quintum miliariũ, ueniat. erat aut miles fortis tāqz orcus apocula
nius. nos circa gallicinia, luna lucebat tāqz meridie, uenim int nom
meta. homo meus cepit ad stellas facere. sed ego cantabundus 7 stellas nu
mero. deinde ut respexi ad comitez, ille exuit se. 7 omia uestimenta secundum
iam posuit mihi in animo in nasū esse. stabam tāqz mortuus. at ille circū
minxit uestimenta sua. 7 subito lupus factus est. nolite me iocari putare.
ut mentiar, nullius patrimoniū tanti facio. sed quod quod ceperã dicere, postqz

fefellitus

LXII

fabulas nulapius nūlli

tectum petecuristarius aliquis descenderet. nec minus reliqui conuiuae mirantes erexere
uultus expectantes quid noui de caelo nunciaretur. Ecce autem deductus lacunaribus subito circulus ingens de cupa uidelicet grandi excussus demittitur, cuius per totum orbem
coronae aureae cum alabastris vnguenti pendebant. dum haec apophoreta iubemur
sumere, respiciens ad mensam. iam illic repositorium cum placentis aliquod erat positum,   5
quod medium priapus a pistore factus tenebat, gremioque satis amplo omnis generis poma
7 uuas sustinebat more uulgato. auidius ad pompam manus porreximus, 7 repente noua ludorum remissio hilaritatem hic refecit. omnes enim placentae, omniaque
poma etiam minima uexatione contacta coeperunt effundere crocum, 7 usque ad nos
molestus humor accedere. rati ergo sacrum esse periculum tam religioso apparatu   10
perfusum consurreximus altius 7 augusto patri patriae feliciter diximus: quibusdam
tamen etiam post hanc uenerationem poma rapientibus 7 ipsas mappas impleuimus: Ego praecipue qui nullo satis amplo munere putabam me onerare gytonis vnum. Inter
haec tres pueri candidas succinti tunicas intrauerunt: quorum duo lares bullatos
super mensam posuerunt. vnus pateram uini circumferens, dij propicij clamabat. aiebat autem   15
vnum cerdonem, alterum felicionem, tercium lucronem vocari. nos etiam ueram imaginem
ipsius trimalchionis cum iam omnes basiarent errubuimus praeterire—

LXI   POstquam ergo omnes bonam mentem bonamque valitudinem sibi optarunt, trimalchio
ad nicerotem respexit: 7 solebas inquit suauius esse in conuictu. nescio quid: nec taces nec mutes. oro te sic felicem me videas. narra illud quod   20
tibi usu uenit. Niceros delectatus affabilitate amici, omne me inquit lucrum
transeat nisi iam dudum gaudimonio dissileo quod te talem video: itaque hilaria me
ra sint, 7 si timeo istos scolasticos ne me derideant, uiderit. narrabo tamen
quid enim mihi aufert qui ridet? satius est rideri quam derideri. Haec ubi dicta dedit talem fabulam exorsus est. Cum adhuc seruirem habitabamus in vico angu-   25
sto (nunc gauillae domus est) ibi quomodo dij uolunt, amare coepi vxorem terentij
coponis. noueratis melissam tarentinam, pulcherrimum bacciballum: Sed ego non
me hercules, corporaliter autem, aut propter res uenerarias curaui, sed magis quod bene moriar fuit, si quid ab illa petij nunquam mihi negatum fecit. assem, semissem,
fefelitus   habui. in illius sinum demandaui. nec unquam fefellitus sum, huius contubernalis. Ad   30
uillam supremum diem obijt. itaque per scutum per ocream egi aginaui. quemadmodum ad
LXII   illam peruenirem autem in angustijs amici apparent. forte dominus capuae exierat ad
scruta scita expedienda. nactus ego occasionem persuadeo hospitem nostrum ut mecum ad quintum miliarium ueniat. erat autem miles fortis tanquam orchus apocula-
fabulam in lupum conuersi   mus. nos circha gallicinia: luna lucebat tanquam meridie. venimus inter moni-   35
menta. homo meus coepit ad stellas facere. sed ego cantabundus, 7 stellas nu-
mero. deinde ut respexi ad comitem: ille exuit se: 7 omnia uestimenta secundum
iam posuit mihi in animo in naso esse. stabam tanquam mortuus. at ille circum-
minxit uestimenta sua: 7 subito lupus factus est. nolite me iocari putare,
ut mentiar: nullius patrimonium tanti facio. sed quod quod coeperam dicere, postquam   40

8 *refecit*—the second *e* possibly corrected from *a*.   17 *errubuimus*—I suppose this is meant by ērubuimus.   19 *suauius*—
written suauius, as if to correct it into *suauis*.   20—the colon after *quid* is of an unusual form; being a modern colon instead
of a sign like a modern mark of exclamation.   23—after *derideant* probably a full point corrected into a comma.   26—the
brackets probably added by a later hand.   28 *uenerarias*—dots beneath the letters *ra*, to correct to *uenerias*.   35—after
gallicinia a full point struck through to make it into a comma.   40—dots beneath the second *quod* to shew that it is to be
deleted.

lupus factus est ululare coepit: 7 in siluas fugit. ego primitus nesciebam ubi essem. deinde accessi ut uestimenta eius tollerem: illa autem lapidea facta sunt. qui mori timore nisi ego: gladium tamen strinxi: 7 matauitatau umbras cecidi, donec ad villam amicae meae
peruenirem. In laruam intraui: paene animam ebuliui: sudor mihi per bifurcum uolabat. ocu-
5 li mortui: uix unquam refectus sum. Melissa mea mirari coepit, quod tam sero ambularem:
7si ante inquit venisses, saltem nobis adiutasses: lupus enim villam intrauit: 7 omnia
pecora tanquam lanius sanguinem illis misit: nec tamen derisit etiamsi fugit: seruus enim
noster lancea collum eius traiecit. haec ut audiui, operire oculos amplius non potui:
sed luce clara hac nostri domum fugi: tanquam copo compilatus. 7 postquam ueni in illum
10 locum in quo lapidea vestimenta erant facta, nihil inueni nisi sanguinem. ut uero
domum ueni iacebat miles meus in lecto tanquam bouis: 7 collum illius medicus cura-
bat. intellexi illum uersipellem esse: nec postea cum illo panem gustare potui: non si
me occidisses. viderint qui hoc de alibi exopinissent. ego si mentior genios uestros
iratos habeam.

bouis nominatiui cas

15 ATtonitis admiratione vniuersis, saluo inquit tuo sermone trimalchio, si qua
fides est ut mihi pili inhorruerunt, quia scio niceronem nihil nugarum nar-
rare. immo certus est, 7 minime linguosus: nam 7 ipse rem horribilem
narrabo. Asinus in tegulis cum adhuc capillatus essem, nam a puero uitam chiam gessi
ipim mostri delicatus decessit me hercules margaritum caccitus 7 omnium
20 numerum. cum ergo illum mater misella plangeret, 7 nos tum plures in tristimo-
nio essemus, subito strigae coeperunt. putares canem leporem persequi. habebamus
tunc hominem cappadocem longum valde audaculum: 7 qui ualebat, poterat iouem
iratum tollere. hic audacter stricto gladio extra ostium procucurrit inuoluta
manu sinistra curiose, 7 mulierem tanquam hoc loco (saluum sit quod tango mediam
25 traiecit. audimus gemitum. 7 plane (non mentiar) ipsas non vidimus. baro autem
noster intro uersus se proiecit in lectum. 7 corpus totum liuidum habebat quasi fla-
gellis caesus: quia scilicet illum tetigerat mala manus. nos cluso ostio redimus
iterum ad officium: sed dum mater amplexaret corpus filij sui, tangit 7 uidet ma-
nuciolum de stramentis factum: non cor habebat: non intestina: non quicquam scilic7.
30 iam strigae puerum inuolauerant. 7 supposuerant stramentitium uauatonem. rogo u-
os oportet credatis. sunt mulieres plus sciae. sunt nocturnae. 7 quod sursum est deorsum faciunt. ceterum baro ille longus post hoc factum nunquam coloris sui fuit: ym-
o post paucos dies freneticus perijt. miramur nos 7 pariter credimus: oscula-
tique mensam rogamus nocturnas, ut suis se teneant, dum redimus a cena: 7 sa-
35 ne iam lucernae mihi plures videbantur ardere: totumque triclinium esse mutatum: cum
trimalchio, tibi dico inquit plocame, nihil narras: nihil nos delectaris? 7 solebas
suauis esse: canturire belle deuerbia, adicere melicam: heu heu ab istis dulcis
carica. Iam inquit ille quadrigae meae decucurrerunt ex quo podagricus factus
sum: alioquin cum essem adulescentulus cantando paene tisicus factus sum. quid salta-
40 re? quid deuerbia? quid tonstrinum? quando parem habui nisi unum apelletem? oppositaque

LXIII

LXIV

3 *matauitatau*—a hair-line (probably by a later hand) after the second *a*.   5 *ambularem*—the *l* corrected from another
letter, probably *r*.   9 *nostri*—the *i* perhaps corrected from another letter.   14, 15—something erased in the blank space
between these two lines.   24—double lines ✓ ✓ over *manu sinistra* to shew that the order of these words is to be reversed.
25—the brackets (and possibly also the single bracket in the previous line) are probably inserted by a later hand.   30—double
lines ✓ ✓ over *strigae puerum* to shew that the order of these words is to be reversed.   36 *inquit*—beneath the *q* a short
line struck through. The question-mark after *delectaris* possibly corrected from a colon.

lupus factus est ululare cepit· et in siluas fugit· ego primitus nesciebas ubi essem· dein
de accessi ut uestimenta eius tollerem· illa aut lapidea facta sint· qui mori timore ni
si ego· gladium tñ strinxi· et maceriatam umbras cecidi donec ad uillas amice mee
peruenirem· In laruas intraui· pene anima ebuliui· sudor mihi p bifurcū uolabat· oc
li mortui uix unqʒ refectus sum· redicta mea mirari cepit· qd tam sero ambularem·
et si ante inquit uenisses/ saltem nobis adiuuisses· lupus eni uillas intrauit· et omnia
pecora tanqʒ lanius sanguinem illis misit· nec tñ derisit etiam si fugit· seruus eni
noster lancea collum eius traiecit· hec ut audiui· operire oculos amplius non potui·
sed luce clara hac naie domum fugi· tanqʒ copo compilatus· et postqʒ ueni in illũ
locum in quo lapidea uestimenta erat facta mihil inueni nisi sanguinem· ut uero
domum ueni iacebat miles meus in lecto tanqʒ bouis· et collum illius medicus cura
bat· intellexi illum uersipellem esse· nec postea cū illo panem gustare potui· non si
me occidisses· uiderit qui hoc de aliis exopuisset· ego si mentior genios uestros
iratos habeam·

Aterriti admiratione uniuersis/ saluo inquit tuo sermone trimalchio/ si qua
Fides est ut mihi pili inhorruerunt/ quia scio neminē nihil nugas nar
rare· immo certus est/ et minime linguosus· nam et ipse nobis tam horribiles
narrabo· Asinus in tegulis cū adhuc capillatus essem) nam a puero uitã etiam gessi
ipsum nostrum delicatus decessit me hercules margaritum caccitus et omnis
minerue· cū ergo illius mater misella plangeret/ et nos tum plures in tristim
onio essemus/ subito strige ceperunt· putares canem leporem prosequi· habebamus
tūc fortem cappadocem longum ualde audaculum· et qui ualebat/ poterat iouem
iratum tollere· hic audacter stricto gladio extra ostium percurrit inuoluta
manu sinistra curiose/ et mulierem tanqʒ hoc loco (saluum sit quod tango) mediam
traiecit· audimus gemitu· et plane non mentiar) ipsas non uidimus· baro aut
noster intro uersus se proiecit in lectu· et corpus totum liuidus habebat qsi fla
gellis cesus· qz scilicet illum tetigerat mala manus· nos etiam ostio redimus
iter ad officium· sed dū mater amplexaret corpus filii sui/ tangit et uidet ma
niciolum de stramentis factum· non cor habebat· non intestina· non gqd scilicet·
iam strige puerū inuolauerat· et supposuerat stramenticiū uauatonem· rogo u
os oportet credatis/ sūt mulieres plus scire· sūt nocturne· et quod sursum est de
orsum faciunt· ceterum baro ille longus post hoc factum nunqʒ coloris sui fuit· ym
o post paucos dies freneticus periit· [miram nos et parit credimus] osculan
tes mensaʒ rogamus nocturnas/ ut suis se teneant/ dū redimus a cena· et sa
ne iam lucerne mihi plures uidebant ardere· totusqʒ oliuius esse mutati cū
trimalchio ubi dico inquit plocrime/ nihil narras· nihil nos delectaris· et solebas
suauius esse· cantarize belle deuerbia/ adfuture medicam· heu heu ab istis dubris
etiam· Iam inquit ille quadrige mee decucurrerunt ex quo podagricus factus
sum· alioquin cū essem adulescentulus cantando pene tisicus factus sum· quid salta
re· quid deuerbia· quid tonstrinū· qn parem habui nisi unū apellem· opposita

ad os manu; nescioquid retulit exibilauit· quod postea grecu esse affirmabat· nec non
trimalchio ipse cu tubicines esset imitatus· ad delicias suas respexit· quē cresim
appellabat· puer aut lippus sordidissimis dentibus catellam nigram· atqs indecenter
pinguem prasina inuoluebat fascia· ponebatqs semissem ponebat sup toru· atqs
hac nausia recusantes sagmabat· quo admonitus officio trimalchio scylace iussit
sibi adduci presidium domus familiaeqs· nec mora ingentis formae adductus et catena uinctus· admonitusqs ostiarij calce ut cubaret· ante mensas se po-
suit· tum trimalchio iactans candidus panem nemo inquit in domo mea me plus amat· indignatus puer qs scylace tam efuse laudaret catella in terra depo-
suit· hortatusqs ut ad rixam pperaret· scylax canino scilicet usus ingenio ter-
rimo latratu triclinium impleuit· margaritaeqs cresi pene lacerauit· nec in turba rixam tumultus constitit· sed candelabru etia sup mensas euersum· et uasa omnia crystal-
lina comminuit· et oleo feruenti aliquot conuiuas respersit· trimalchio ne uideretur
iactura motus/ basiauit puerum· ac iussit sup dorsum ascendere suu· non moratus
ille/ usus equo· manuqs plena scapulas eius subinde uerberauit· interqs risum pota-
uit· bucca buccam· quot sit hic· reptus ergo aliquadiu trimalchio camellas grandem iussit misceri potiones diuidi omnib; seruis qui ad pedes sedebat· adiecta excepti-
one· siquis inquit noluerit accipere caput illi pfunde· interdiu seueritas nunc hilaria ·

LXV. Hanc humanitatem insecute sunt matteae· quaru etia recordatio me si qua
est dicenti fidem offendit· singulae enim gallinae altiles p turdis circulate sunt·
et oua ansina pilleata/ que ut comessemus ambitiosissime nobis trimalchio petiit/
dicens exossatas esse gallinas· inter hec triclinij ualuas lictor percussit· amictus-
qs ueste alba· cu ingenti frequentia conuiuiator intrauit· ego maiestate territus
pretore putabam uenisse· itaqs tentaui assurgere· et nudos pedes in terra defferre· risit
hanc trepidatione agamemnon· et continere te inquit homo stultissime· habinnas
seuir est· idemqs lapidarius qui uideretur monumenta optime facere ·

LXVI. Recreatus hoc sermone reposui cubitum· habinnamqs intrantem cu admiratione ingenti spectabam· ille aut iam ebrius uxoris suae humeris imposuerat manus·
oneratusqs aliquot coronis· et unguento per frontem in oculos fluente pretorio loco
se posuit· continuoqs uinum et caldas poposcit· delectatus hac trimalchio hilaritate·
et ipse capaciore poposcit scyphum· quesiuitqs quomodo acceptus esset· omnia
inquit huimus pret te· oculi enim mei hic erat· et me hercules bene fuit· scissa la-
utum nouendialem seruo suo misello faciebat· quem mortuum manumiserat· et puto
cu uincensimarijs magnam mantissam habet· quinquagita enim millib; exti-
mant mortuum· sed tn suauis fuit/ etia si coacti simus dimidias potiones supra
ossicula eius effundere· Tamen inquit trimalchio quid tuisti in cena· dicam
inquit si potuero· nam tam bone memorie sum ut frequenter nomen meum obliuis-
car· habuimus tn in primo porcu poculo coronatu· et circa sauricamulum et sta-
tera optime factum· et certe letam· et panem autopiru de suo sibi que ego malo

·.·
·|· viridi

ad os manu, nescioquid taetrum exibilauit: quod postea graecum esse affirmabat. nec non
trimalchio ipse cum tubicines esset imitatus, ad delicias suas respexit, quem croesum
appellabat. puer autem lippus sordidissimis dentibus catellam nigram, atque indecenter
pinguem prasina inuoluebat fascia: panemque semissem ponebat supra torum. atque
hac nausia recusantem saginabat: quo admonitus officio trimalchio scylacem ius-   5
sit adduci praesidium domus familiaeque. nec mora ingentis formae adductus est canis catena vinctus: admonitusque ostiarij calce ut cubaret, ante mensam se posuit. tum trimalchio iactans candidum panem, nemo inquit in domo mea me plus amat. indignatus puer quod scylacem tam efuse laudaret catellam in terram depo-
suit: hortatusque ut ad rixam properaret. scylax canino scilicet usus ingenio taeter-   10
rimo latratu triclinium impleuit: margaritamque croesi paene lacerauit. nec intra rixam tumultus constitit: sed candelabrum etiam supra mensam euersum, 7 vasa omnia cristal-
lina comminuit: 7 oleo feruenti aliquot conuiuas respersit. Trimalchio ne uideretur
iactura motus, basiauit puerum: ac iussit supra dorsum ascendere suum. non moratus
ille, vsus equo, manuque plena scapulas eius subinde verberauit: interque risum proclam-   15
auit, bucca bucca, quot sunt hic. repressus ergo aliquamdiu trimalchio camellam gran-
dem iussit misceri potiones diuidi omnibus seruis qui ad pedes sedebant, adiecta excepti-   at ·.·
one. Siquis inquit noluerit accipere caput illi perfunde interdiu seuera nunchilaria—   nunc ilaria

LXV   HAnc humanitatem insecutae sunt matteae: quarum etiam recordatio me siqua
      est dicenti fides offendit: singulae enim gallinae altiles pro turdis circumlatae sunt.   20
et oua anserina pilleata, quae ut comessemus ambitiosissime nobis trimalchio petijt,
dicens exossatas esse gallinas: Inter haec triclinij valuas litor percussit. amictus
que ueste alba, cum ingenti frequentia commissator intrauit. ego maiestate conteritus
praetorem putabam venisse. itaque tentaui assurgere: 7 nudos pedes in terram deferre. risit
hanc trepidationem agamenon: 7 contine te inquit homo stultissime: habinnas   25
seuir est. idem que lapidarius qui videretur monumenta optime facere.

R Ecreatus hoc sermone reposui cubitum: habinnamque intrantem cum admiratione ingenti spectabam. ille autem iam ebrius vxoris suae humeris imposuerat manus,
oneratus que aliquot coronis, 7 unguento per frontem in oculos fluente praetorio loco
se posuit: continuoque vinum 7 caldam poposcit. Delectatus hac trimalchio hilaritate,   30
7 ipse capaciorem poposcit scyphum: quaesiuitque quomodo acceptus esset? omnia
inquit habuimus praeter te. oculi enim mei hic erant, 7 me hercules bene fuit scissa la-
ucum nouendialem seruo suo misello faciebat: quem mortuum manumiserat: 7 puto quinquaginta enim millibus exti-
mant mortuum: sed tamen suauiter fuit, etiam si coacti sumus dimidias potiones supra   35
LXVI ossiicula eius effundere. Tamen inquit trimalchio quid habuistis in cena? Dicam
inquit si potuero: nam tam bonae memoriae sum ut frequenter nomen meum obliuis-
car. habuimus tamen in primo porcum poculo coronatum: 7 circa saucunculum 7 gize-
ria optime facta: 7 certe betam, 7 panem autopirum de suo sibi quem ego malo

---

2 *respexit*—corrected from *rexpexit*.   3 *sordidissimis*—the *r* inserted above the line, probably by the original hand.
4 *prasina*—over the *r* three dots ·.· corresponding with the similar sign in the margin.   8—after *panem* a full point corrected
into a comma.   11 *nec*—corrected from *ne* by the addition of *c* above the line.   22 *amictus*—perhaps corrected from *amictu*.

quam candidum. 7 uires facit : 7 cum mea re causa facio, non ploro. Sequens ferculum fuit sciribilita frigida, 7 supra mel caldum infusum excellente hispanum. itaque de sciribilita quidem non minimum edi : de melle me usque tetigi. circa cicer 7 lupinum caluae arbitratu 7 mala singula. ego tamen duo sustuli : 7 ecce in mappa alligata habeo : nam si aliquid
5 muneris meo uernulae non tulero : habebo conuicium. bene me admonet domina mea. in prospectu habuimus ursinae frustrum, de quo cum imprudens sintilla gustasset, paene intestina sua uomuit. ego contra plus libram comedi. nam ipsum aprum sapiebat : 7 si inquam ursus homuncionem comest, quanto magis homuncio debet ursum comesse ? In summo habuimus caseum mollem 7 sapa 7 cocleas singulas 7 cordae frusta 7 epatia in catillis, 7 oua
10 pilleata 7 rapam 7 senape 7 catillum concagatum pax palamedes. ⁊ in alueo circumlata sunt oxicomina. vnde quidam ⁊ improbiter nos pugno sustulerunt. nam perna emissionem dedimus. Sed narra mihi gai rogo, fortunata quare non recumbit ? Quo modo nosti inquit illam trimalchio. nisi argentum composuerit, nisi reliquias pueris diuiserit aquam in os suum non coniiciet. atqui respondit habinnas nisi illa discumbit
15 ego me apocalo : 7 coeperat surgere nisi signo dato fortunata quater amplius a tota familia esset uocata. venit ergo galbino succincta cingillo : ita ut infra cerasina appareret tunica 7 periscelide stortae. phaecasiaeque inauratae. tunc sudario manus tergens quod in collo habebat applicat se illi toro in quo scintilla habinnae discumbebat uxor : osculataque plaudentem est. te inquit videre. Eo de-
20 inde peruentum est ut fortunata armillas suas crassissimas detraheret lacertis : scintillaeque miranti ostenderet. ultimo ⁊ periscelides resoluit, 7 reticulum aureum quem ex sobriissa esse dicebat notauit. Haec trimalchio iussitque afferri omnia. 7 uidetis inquit mulieres compedes sic nos barcalaede spoliamur. sexpondo 7 selibram debet habere. 7 ipse nihilominus habeo decempondo armillam ex millesimis mercurij fa-
25 ctam. vltimo etiam ne mentiri videretur : stateram iussit afferri 7 circulatum approbari pondus. Nec melior scyntilla quae de ceruice sua capsellam detraxit, aureolam, quam felicionem appellabat. inde duo crotalia protulit : 7 fortunatae inuicem consideranda dedit : ⁊ domini inquit mei beneficio, nemo habet meliora. Quid inquit habinnas excatarissasti me, ut tibi emerem fabam vitream. plane
30 si filiam haberem auriculas illi praeciderem. mulieres si non essent omnia pro luto haberemus. nunc hoc est caldum meiere 7 frigidum potare. interim mulieres sauciae inter se riserunt. ebriaeque iunxerunt oscula. dum altera diligentiam matrifamiliae iactat, altera delicias 7 indiligentiam uiri, dum que sic cohaerent, habinnas furtim consurrexit : pedes que fortunatae correctos super lectum immisit. au au
35 illa proclamauit aberrante tunica super genua composita. ergo in gremio scintillae indecens imam rubore faciem sudario abscondit. Interposito deinde spatio cum secundas mensas trimalchio iussisset afferri, sustulerunt serui omnes mensas : 7 alias attulerunt. scrobemque croco 7 minio tinctam sparserunt : 7 quod nunquam ante uideram ex lapide speculari puluerem trictum. statim trimalchio : poteram quidem
40 inquit hoc fericulo esse contentus. secundas enim habetis mensas. si quid belli habes, affer. Interim puer alexandrinus, qui caldam ministrabat luscinias coepit imitari

LXVII

excatarizasti

LXVIII

que candidum, et uires facit, et cum mea re causa facio, non ploro. Sequens ferculum fuit sciriblita frigida, et supra mel caldum infusum excellente hispanum. itaque de sciriblita
quidem non minimum edi, de melle me usque tetigi. circa cicer et lupinum calue arbitratu et mala singula. ego tamen duo sustuli, et ecce in mappa alligata habeo. nam si aliquid
muneris meo uernule non tulero, habebo conuicium. bene me admonet domina mea. in prospectu habuimus ursine frustrum, de quo cum imprudens scintilla gustasset, pene intestina sua
uomuit. ego contra plus libram comedi. nam ipsum aprum sapiebat. et si inquam ursus homuncionem comest, quanto magis homuncio debet ursum comesse. In summo habuimus caseum
mollem et sapa et cocleas singulas et corde frusta et epatia in catillis et oua
pilleata et rapam et senape et catillum concagatum pax palamedes. etiam in alueo cir-
culata sunt oxicomina. unde quidam etiam improbiter nos pugno sustulerunt. nam pernae
missionem dedimus. Sed narra mihi gai rogo, Fortunata quare non recumbit. Quo- LXVII.
modo nosti inquit illam trimalchio. nisi argentum composuerit, nisi reliquias pueris diuiserit, aquam in os suum non coniciet. atqui respondit habinnas nisi illa discumbit
ego me apoculo. et ceperat surgere nisi signo dato fortunata quater amplius
a tota familia esset uocata. uenit ergo galbino succincta cingillo, ita ut infra cerasina appareret tunica et periscelides tortae phecasiaeque inauratae.
tunc sudario manus tergens quod in collo habebat, applicat se illi toro in quo scintilla habinne discumbebat uxor. osculataque plaudentem est. te inquit uidere. Eo deinde peruentum est, ut fortunata armillas suas crassissimis detraheret lacertis, scin-
tilleque miranti ostenderet. ultimo etiam periscelides resoluit, et reticulum aureum quem
ex obrussa esse dicebat. notauit. Hec trimalchio iussitque afferri omnia. et uidetis
inquit mulieres compedes. sic nos barcalae despoliamur. sex pondo et selibram debet habere. et ipse nihilominus habeo decem pondo armillam ex millesimus mercurii fa-
ctam. ultimo etiam ne mentiri uideretur, stateram iussit afferri et circulatum approbari pondus. Nec melior scyntilla que de ceruice sua capsellam detraxit aureolam, quam felicionem appellabat. inde duo crotalia protulit, et fortunate inuicem consideranda dedit. et domini inquit mei beneficio, nemo habet meliora.
Quid inquit habinnas excatarissasti me, ut tibi emerem fabam uitream. plane excatarizasti
si filiam haberem auriculas illi preciderem. mulieres si non essent omnia pro luto
haberemus. nunc hoc est caldum meiere et frigidum potare. interim mulieres sauciae inter se riserunt, ebrieque iunxerunt oscula. dum altera diligentiam ma-
trisfamilie iactat, altera delicias et indiligentiam uiri. dumque sic coherent, habinnas furtim consurrexit, pedesque fortunate correptos super lectum immisit. at an
illa proclamauit aberrante tunica super genua composita. ergo in gremio sci-
ntille indecens ima rubore faciem sudario abscondit. Interposito deinde spatio cum LXVIII.
secundas mensas trimalchio iussisset afferri, sustulerunt serui omnes mensas, et alias
attulerunt. scobemque croco et minio tinctam sparserunt. et quod numquam ante
uideram ex lapide speculari puluerem tritum. statim trimalchio. poteram quidem
inquit hoc fericulo esse contentus. secundas enim habetis mensas. si quid belli habes,
affer. Interim puer alexandrinus qui caldam ministrabat lusciniam cepit imitari

clamante trimalchione subinde mutasse se alius ludat. finis qui ad pedes habina sede
bat/ussus credo a dno suo proclamauit subito canora uoce — Interea medium
eneas iam classe tenebat —

NUllus sonus unqz acidior percussit aures meas. nam pret eriansz bar
barie aut abiectus aut diminuta clamore miscebat atellanicos versus
ut tic pmu me 7 virgilius offenderit. lassus tn cu aliqn dedisset adiecit habinnas
7 nuqd didicit. sed ego ad circulatores eu mittendo audibat. itaqz pare non ha
bet siue matheones nolet/siue circulatores imitari desperatus ualde ingeniosus
est. idem sutor est. idem cocus. idem pistor omis musa emancipium. duo tam
uina habet/que si non haberet esset omnium nummor nequtisime est 7 sterat. nam
q strabonus est non curo. sicut uenus spectat/ ideo nihil tacet/uix oculo mor
tuo unqz illuz emit. zotentis denaris impellauit loquerez scintilla. 7 plane in
quit non omia artificia sui. nequam narras agriga est. at curabo stigma
habeat. risit tmalchio. 7 ad ugnoscō inquit capudocem. nihil sibi defraudit.
7 me hercules laudo illum. hoc eiz nemo parentat. tu aut scyntilla noli ze
lotipa esse. crede mihi. 7 nos nouimus/sic me saluuz beatis/ut ego sic so
lebam ipsm ammeam debattuere. ut 7 dns suspicaret. 7 ideo me in uili
catioz relegauit. sed tace. linguam dabo pane. Tanq laudatz esset
nequissimus finis. lucerna de sinu fictilez protulit. 7 amplius semiho
ra tubicines imitatz est/succinente habina/7 infer ius labru manu
depmeute. ultimo 7 in medius persst/7 modo harundinis quassu cho
zaulas imitatus est. modo lacernatus cu flagello mulionuz fatae
git donec uocatu ad se habinnas bassiauit. potione qz illi porrexit.
7 tanto melior inquit massa dono tibi caligas. Nec ullus tot maioribz
finis fuisset. nisi epidipnis esset allata/turdis thgme nuts passis myrti
q farsis. insecuta sut cidonea/7 mala spinis cofixa/ut ethinos effice
zet. 7 hec quidez tolerabilia erat/si non ferculum longe monstrosius
ecfecisset/ut ut fame perire malemus. Nam cu positus esset/ut nos pu
tabamus anser altilis circhaqz pisces/7 omniz genera auiuz/inquit tmal
chio quicqd uidens hic positus de uno corpore est factus. Ego scilicet
homo prudentissimus statim intellexi quid esset. 7 respitez agamenonez/
mirabor inquam nisi omia ista defacta sut. aut certe de luto udi zone sa
turnahbz eius modi cenar imagines fieri. Necduz finieraz sermonez cu
tmalchio ait. ita crescaz patrimonio non corpore/ut ista cocus meus
de porco fecit. non potest esse prec1osior homo. uolueris/de bulla/facet pi
scez/de larde palumbus/de perna turturez/de colaepio gallina. 7 ideo
ingenio meo impositus est. illi nomen bellissimu. nam dedalus uocat. 7 et
qz bona mentez habet/attulit illi zomā muns cultros noxico ferro/quos stati
iussit afferri. inspectosqz miratus est. 7 nobis potestate fecit/ut mucronez ad
buccaz probarem. Subito intrauerut duo stui/taqz qui rixa/ad lacu fuisset. certe

clamante *tri*malchio*ne* subinde muta, ecce alius ludus. *se*ruus qui ad pedes habi*nn*ae sede-
bat, iussus credo a *dom*ino suo proclamauit subito canora uoce—Interea mediu*m*
*a*eneas iam classe tenebat—

Nullus sonus unq*uam* acidior percussit aures meas : nam p*rae*ter erra*n*tis barbarie aut abiectum aut diminutu*m* clamore*m* miscebat atell*a*nicos uersus   5
ut tu*n*c p*ri*mum me ⁊ uirgilius offenderit. lassus tam*en* cu*m* aliqu*ando* dedisset adiecit habinnas
⁊ nu*nquid* didicit. sed ego ad circulatores eu*m* mittendo audiba*nt*. itaq*ue* pare*m* non habet siue muliones uolet, siue circulatores imitari desperatus ualde ingeniosus
est. idem sutor est : idem cocus : idem pistor om*n*is mus emancipium. duo tam*en*
uina habet, qu*ae* si non h*ab*eret esset om*n*ium nu*mm*oru*m* recutitus est ⁊ stertit. nam   10
q*uod* strabonus est non curo. sicut uenus spectat, ideo nihil tacet, uix oculo mor-
LXIX tuo unq*uam* illum emit. retentis denarijs i*n*t*er*pellauit loque*n*tem sc*i*ntilla : ⁊ plane inquit non om*n*ia artificia s*e*rui. nequam narras agaga est. at curabo stigma*m*
habeat. Risit t*ri*malchio. ⁊ adcognosco inquit capodocem : nihil sibi defraudit.
⁊ me hercules laudo illum. hoc e*n*im nemo pare*n*tat. tu aut*em* scyntilla noli ze-   15
lotipa esse. Crede mihi ⁊ uos nouimus, sic me saluum h*ab*eatis, ut ego sic solebam ips*um* ammeam debattuere : ut ⁊ *dom*in*us* suspicaretu*r* : ⁊ ideo me in uil-
licatio*n*em relegauit : sed tace : linguam dabo pane*m*. Tanq*uam* laudat*us* esset
nequissimus s*e*ruus, lucerna*m* de sinu fictilem protulit : ⁊ amplius semiho-
ra tubicines imitat*us* est, succine*n*te habi*n*na, ⁊ inferius labru*m* manu   20
dep*ri*me*n*te. vltimo ⁊ in medium p*ro*cessit, ⁊ modo haru*n*dinib*us* quassis cho-
raulas imitatus est : modo lacernatus cu*m* flagello molionum fata e-
git donec uocatu*m* ad se habinnas bassiauit. potione*m* q*ue* illi porrexit ;
⁊ tanto melior inquit massa dono tibi calligas. Nec ullus tot malorum
finis fuisset, nisi epidipnis esset allata, turdis iligine uuis passis micib*us*   25
q*ue* farsis. insecuta su*n*t cidonea, ⁊ mala spinis co*n*fixa, ut echinos effice-   ȯ
re*n*t. ⁊ h*ae*c quidem tolerabilia era*n*t, si non fericulum longe monstrosius
efecisset, ut u*el* fame perire malemus. Nam cu*m* positus esset, ut nos pu-
tabamus anser altilis circhaq*ue* pisces, ⁊ om*n*ium genera auium, inquit t*ri*malchio quicq*uid* uidetis hic positum de vno corpore est factum. Ego scilicet   30
homo prudentissimus statim intellexi quid esset : ⁊ respicie*n*s agamenonem,
mirabor inqua*m* nisi om*n*ia ista defacta su*nt*: aut certe de luto uidi romae sa-   a⫶..
LXX turnalib*us* eius modi cenaru*m* imaginem fieri. Necdum finiera*m* sermonem, cu*m*   defu*n*cta
t*ri*malchio ait : ita crescam pat*ri*monio non corpore, ut ista cocus meus
de porco fecit. non potest esse p*re*ciosior hom*o*. uolueris, de bulla, faciet pi-   35
scem, de lardo palumbum, de perna turturem, de colaepio gallina*m*. ⁊ ideo
ingenio meo impositum est illi nomen bellissimu*m*. nam d*ae*dalus uocatu*r* : et
q*ui*a bona*m* mentem habet, attulit illi roma*m* vnus cultros norico ferro, quos stati*m*
iussit afferri : inspectosq*ue* *m*iratus est. ⁊ nobis potestate*m* fecit, ut mucronem ad
buccam p*ro*barem*us*. Subito intraueru*n*t duo s*e*rui, ta*n*quam qui rixa*m*, ad lacum fecisse*nt*. certe   40

1—after *muta* a colon corrected into a comma.   5 *atellanicos*—the *ll* perhaps inserted later, but by the original hand.
14 *defraudit*—the *ra* not quite certain, and the spacing unusual.   19 *amplius*—the *p* perhaps corrected from another letter.
26—there is perhaps a stroke through the comma after *cidonea*, to shew that the stop is to be removed. Over the *e* of *echinos*
three dots .·. to correspond with the similar sign in the margin.   33 *sermonem*—the *o* corrected from another letter, probably *a*.

in loco adhuc amphoras habeba*nt*. Cum ergo t*ri*malchio ius int*er* litigantes
dic*ere*t, neut*er* sente*n*ciam tulit decerne*n*tis, sed alteri*us* amphora*m* fuste percussit. const*er*
nati nos insolentia ebrior*um* intentauimus oculos in pr*oe*liantes. notauim*us* que
ostria pectines q*ue* e castris labentia qu*ae* colecta puer lance circu*m*tulit. has
5 lauticias *ae*quauit ingeniosus cocus: in craticula e*n*im argentea cocleas attulit: 7 tremula t*ae*terrimaq*ue* voce cantauit. Pudet referre qu*ae* secu*n*tur. in au-
ditu e*n*im more pueri capillati attuleru*n*t vngue*n*tum in argentea pelue: pedes
q*ue* recumbentium vnxeru*n*t, cu*m* ante crura pedesq*ue* talosq*ue* corolis vinxissent.
hinc ex eodem vngue*n*to, in vinarium atq*ue* lucernam liquatum est infusum. Iam
10 c*oe*perat fortunata uelle saltare: iam scintilla freq*uen*tius plaudebat q*uam* loque-
bat*ur*, cu*m* t*ri*malchio p*er*mitto inquit philargire 7 carrio, 7 si prasinianus es
famosus, dic 7 minophil*ae* contubernali tu*ae* discumbat. Quid multa p*ae*ne
de lectis deiecti sumus, adeo totu*m* t*ri*clinium familia occupauerat. Certe
ego notaui sup*er* me positum cocu*m*, qui de porco anser*em* fecerat muria condi-
15 mentisq*ue* fetentem. nec co*n*tentus fuit recumbe*re*: sed co*n*tinuo ephesum t*r*ag*oe*d-
um c*oe*pit imitari: 7 sub inde domi*n*um suu*m* sponsio*ne* pr*o*uocare: si prasinus pr*o*xim-
is circe*n*sibus p*ri*mam palma*m*. Diffusus hac co*n*tentione t*ri*malchio: amici inq*ui*t

LXXI

7 serui homi*n*es su*n*t: 7 *ae*que unu*m* lactem biberu*n*t, ⊽ si illos malus fatus

lactem
fatus

oppresserit: t*ame*n me saluo cito aqua*m* liberam gustabu*n*t. ad summa*m* om*n*es illos
20 in testame*n*to meo manumitto. philargiro ⊽ fundum lego, 7 co*n*tubernalem
sua*m*. carrioni quoq*ue* insulam 7 vicesima*m* 7 lectum stratum, nam fortunata*m* meam
heredem facio. 7 commendo illam om*n*ibus amicis meis. 7 h*ae*c om*n*ia publico ideo
ut familia mea iam nu*n*c sic me amet tanqua*m* mortuum. Gratias agere omnes indulgentiae c*oe*pera*n*t domi*n*i, cu*m* ille oblitus nugarum exemplar testame*n*ti
25 iussit afferri: 7 totu*m* a p*ri*mo ad vltimu*m* ingemescente familia recitauit.
Respicie*n*s deinde habinna*m*, quid dicis inquit amice. carissime. *ae*dificas monume*n*tum meu*m*, quem*a*dmod*um* te iussi: ualde te rogo, ut secu*n*dum pedes statu*ae* me*ae*

secu*n*dum

catellam pingas, 7 coronas, 7 vngue*n*ta, 7 petraitis om*n*es pugnas ut mihi co*n*tingat tuo beneficio post mo*r*tem viuere. pr*ae*te*r*ea ut sint in fro*n*-
30 te pedes centu*m*: in agrum pedes ducenti. omne genus e*n*im pȫma uolo

pomor*um*

sint circha cineres meos, 7 vinear*um* largiter. Ualde e*n*im falsum est uiuo
qui*de*m domos cultas esse, non curari eas ubi diutius nobis habita*n*dum est.
7 ideo ante om*n*ia adiici uolo. Hoc monume*n*tum heredem non sequat*ur*—

Eterum erit mihi cur*ae* ut testame*n*to cauea*m* ne mortuus iniuria*m*
35 accipiam. pr*ae*pona*m* e*n*im vnu*m* ex libertis sepulcro meo custodi*ae* causa
ne in monumentum meu*m* populus cacatu*m* currat. te rogo ut naues ⊽
monumenti mei facias plenis velis eu*n*tes. 7 me in tribunali sede*n*tem
pr*ae*textatu*m* cum anulis aureis qui*n*que: 7 nu*m*mos in publico de sacculo effu*n*-
dentem. Scis e*n*im quod epulum dedi binos denarios. faciat*ur* si tibi uidetur

faciatur

40 7 triclinia. facies 7 totu*m* populum sibi suauit*er* facie*n*tem. ad dextera*m* mea*m*

---

4 *quae*—the *q* corrected from *l*.   8—dots under *pedesque* to shew that it is to be deleted.   After the *l* of *corolis*
n supplied with a *caret*-mark: presumably to alter *corollis* into *coronis*.   11 *prasinianus*—perhaps *prasimanus*.   13 *triclinium*—
the *u* probably corrected from another letter.   22—a *caret*-mark and dots after *haec* to shew that *ideo*, which has similar dots,
is to be transferred thither.   23 *me amet*—originally written as a single word and then separated by a hair-line.   27 margin—
the *a* of *secandum* is not certain: the word may be merely *secundum* repeated.   30 *poma* has apparently been corrected into
pomorum (pomor̴) in the text as well as in the margin.   39—originally *sit ibi* or *sitibi*, now rightly divided by a hair-line.

in loco adhuc amphoras habebat. Cum ergo Trimalchio ius inter litigantes
dicit, nemo sententiam uelit decernere, sed aliam amphoram fuisse percussit. consti
nam nos insolentia ebriorum intentauimus oculos in praeliantes. notauimus que
ostria pectines et e castris labentia huic electa per lancem circumtulit. hac
lautitias aequauit ingeniosus cocus, in craticula enim argentea ocleas attu
lit, et tremula taeterrimaque uoce cantauit. pudet referre que secuntur. in cir
dinem enim more pueri capillati attulerunt unguentum, in argentea peluce, pedes
que recumbentium unxerunt, cum ante cruza pedesque talosque coronis uincissent.
hinc ex eodem unguento in uinarium atque lucernam liquatum est infusum. Iam
ceperat Fortunata uelle saltare, iam Scintilla frequentius plaudebat quam loque
bar, cum Trimalchio misito inquit philargyre et carrio, et si prasinianus es
famosus, dic et minophile contubernali tuae discumbat. Quid multa pene
de lectis deiecti sumus, adeo totum triclinium familia occupauerat. Certe
ego notaui super me positum cocum qui de porco anserem fecerat, muria condi
mentisque fetentem. nec contentus fuit recumbere. sed continuo ephesum tragoe
dum coepit imitari, et subinde dominum suum sponsione prouocare. si prasinus primam
is circensibus primam palmam. diffusis hac quaestione Trimalchio, amici inquit
et serui homines sunt, et aeque unum lactem biberunt, et si illos malus fatus
oppresserit, tamen me saluo cito aquam liberam gustabunt, ad summam omnes illos
in testamento meo manumitto. philargyro et familiam lego, et contubernalem
suam, carrioni quoque insulam, et uicesimam, et lectum stratum, nam Fortunatam meam
heredem facio, et commendo illam omnibus amicis meis. et hec omnia publico ideo
ut familia mea iam nunc sic me amet tanquam mortuus. Gratias agere om
nes indulgentiae coeperant domini, cum ille oblitus nugarum exemplar testamenti
iussit afferri, et totum a primo ad ultimum ingemescente familia recitauit.
Respiciens deinde habinnam, quid dicis inquit amice carissime. edificas monu
mentum meum, quemadmodum te iussi, ualde te rogo, ut secundum pedes statue meae
catellam pingas, et coronas, et unguenta, et petraitis omnes pugnas, ut mi
hi contingat tuo beneficio post mortem uiuere. praeterea ut sint in fron
te pedes centum, in agrum pedes ducenti. omne genus enim pomorum uolo
sint circa cineres meos, et uinearum largiter. Valde enim falsum est uiuo
quidem domos cultas esse, non curari eas ubi diutius nobis habitandum est.
et ideo ante omnia adici uolo. Hoc monumentum heredes non sequatur.

Ceterum erit mihi curae ut testamento caueam ne mortuus iniuriam
accipiam. praeponam enim unum ex libertis sepulcro meo custodie causa
ne in monumentum meum populus cacatum currat. te rogo ut naues, et
monumenti mei facias plenas uelis euntes, et me in tribunali sedentem
praetextatum cum anulis aureis quinque, et nummos in publico de sacculo effun
dentem. scis enim quod epulum dedi binos denarios. faciat sic ribi uidetur
et triclinia faciat, et totum populum sibi suauiter facientem. ad dexteram meam

LXXI.

Lactes
faris

Secundu

pomo

Faciat

pones statuā Fortunate mee cõlũbaz tenentez · 7 catellā cingulo alligatā
dicat · 7 cratones meū · 7 amphoras copiosas gypsatas ne effluant vinũ · 7 vna
licet fracta sculpas · 7 sup eam pueru plorantez · horologiũ ĩ medio ut quisqꝭ horas inspicit, velit nolit nomen meū legat · Inscriptio quoqꝭ vide diligēt si hec satis
idonea tibi videt · C · Pompeius Trimalchio mecenatianus hic requiescit · huic se-
uiratus absentit decretus est · cũ posset ĩ omnibꝭ decuriis rome esse / tn noluit · plꝰ
forte fidelis ex paruo creuit · sextercium reliquit trecenties · nec unquã philoso-
phum audiuit · Vale 7 tu ·

LXXII

Hec ut dixit Trimalchio flere cepit vbertim · flebat 7 Fortunata · flebat
7 Habinnas · tota deniqꝭ familiā tanquã ĩ funus rogata lamentaratō te-
niu impleuit · immo iam ceperã 7 ego plorare · cũ Trimalchio · Ergo inquit
cũ sciam' nos morituros esse / quare non viuamus · sic nos felices videa con-
cratam' nos in balneũ · meo periculo non penitebit · sic calet tanquã furnus · Ve-
rū vero inquit Habinnas · de vna die duas facere nihil malo · nudisqꝭ consurrexit pedibꝭ · 7 Trimalchione gaudentes subsequi · Ego respicio ad Ascylton / qd
cogitas inquam · ego eñ si videro balneũ statim expirabo · asセnamur ait ille · 7 dũ
illi balneũ petit · nos ĩ turba exeamus · Cũ hec placuissent ducente per porticũ
gitone ad iamuã venimus / ubi canis catenarius tanto nos tumultu excepit / ut
ascyltus 7 in piscinam cecidit · nec non ego quoqꝭ ebrius / qui 7 pictū timueram
canez / dũ natanti opez fero / in eundez gurgitē tractus sũ · Suauit nos tñ at-
ensis / qui intentu suo · 7 cane placauit · 7 nos trementes extraxit in siccum.
Et giton quidez iam dudũ suatioe acutissima redemerat a cane · quicqd eñ
a nobis acceperat de cena latranti sparserat · at ille auocatus cibo furore
suppresserat · Ceterũ cũ algentes udiqꝭ petissemus ab atensi / ut nos extra ianuã emitteret · erras inquit si putas te exire hac posse qua venisti · Nemo unqã
conuiuar per eandez ianuã emissus est · alia intrat / alia exit / quid faciam'
homines miserrimi · 7 noui generis labyrintho inclusi / quibꝭ lauari iam ceperat voti
esse · ultro ergo rogauimus ut nos ad balneũ duceret · proiectisqꝭ vestimentis que
giton in aditu siccare cepit / balneũ intrauimus angustũ scilicet · 7 cisterne
frigidarie simile / in qua Trimalchio rectus stabat · ac ne sic qdez putidissi-
maz ei actores licuit effugere · nam nihil melius esse dicebat quã sine turba lauari · 7 eo loco ipo aliquando pistrinũ fuisse · deinde ut lassatus consedit / inuitatus bal-
nei sono diduxit usqꝭ ad cameram os ebrius · 7 cepit menandris cantica lacera-
re / sicut illi dicebat qui linguā ei intelligebat · Ceteri conuiue circa labrũ manibꝭ nexis currebat · 7 ingulipho ingenti clamore exonabat · alii aũ aut re-
strictis manibꝭ anulos de pauimento conabat tollere · aut posito genu ceruces
post terga flecto 7 pedũ extremos pollices tangere · Nos dũ alii sibi ludos faciunt
in solo quod Trimalchioni pinabatur descendim' · ergo ebrietate discussa in aliud
petiuimꝭ deduct sumus · ubi Fortunata disposuerat lautitias suas ut sup lu-
cernas aeneolos qꝭ piscatores notauerim · 7 mensas totas argenteas calucesqꝭ ora

LXXIII

at absentem

at parabat

pones statua*m* fortunat*ae* me*ae* collumbam tenentem, 7 catellam cingulo alligata*m*
ducat. 7 cicaronem meu*m*. 7 amphoras copiosas gipsadas ne effluant vinu*m*. 7 vna*m*
licet fracta*m* sculpas : 7 sup*er* eam pueru*m* plorantem. horologium in medio ut q*u*isq*u*is horas inspiciet, uelit nolit nomen meu*m* legat. Inscr*i*ptio q*u*oq*u*e uide diligen*ter* si h*ae*c satis
idonea tibi vide*tur*. C. Pompeius tr*i*malchio m*ae*cenatianus hic requiescit. huic se-
uiratus absenti decretus est, cu*m* posset in om*n*ib*us* decurijs rom*ae* esse, *tame*n noluit : plus
fortis fidelis ex paruo creuit. sex tercium reliquit trecen*t*ies. nec vnq*u*am philoso-
phum audiuit. Vale 7 tu.

5

LXXII   H*a*Ec ut dixit tr*i*malchio flere c*oe*pit vbertim. flebat 7 fortunata. flebat
     7 habin*n*as. tota deniq*u*e familia tanq*u*am in funus rogata lamen*t*atio*n*e tr*i*cli-
nium impleuit. immo iam c*oe*pera*m* ⁊ ego plorare, cu*m* tr*i*malchio : Ergo inquit
cu*m* sciam*us* nos morituros esse, quare non viuam*us*? sic uos felices videa*m* con*i*i-
ciam*us* nos in balneu*m*. meo periculo non p*oe*nitebit : sic calet tanq*u*am furnus.
Vero uero inquit habin*n*as, de vna die duas facere nihil malo. nudisq*ue* co*n*surrexit pedib*us*, 7 tr*i*malchione*m* gaudentem subsequi. Ego respicie*n*s ad ascylton, q*u*id
cogitas inquam? ego e*n*im si videro balneum statim expirabo. asse*n*tem*ur* ait ille. 7 du*m*
illi balneu*m* petu*n*t, nos in turba exeam*us*. Cu*m* h*ae*c placuissent ducere per porticu*m*
gitone ad ianua*m* venimus, ubi canis catenarius tanto nos tumultu excepit, ut
ascyltus ⁊ in piscina*m* ceciderit. nec non ego q*uo*q*ue* ebrius, qui ⁊ pictum timuera*m*
canem, du*m* natanti opem fero, in eu*n*dem gurgite*m* tractus sum. *ser*uauit nos *tame*n atr*i*-
ensis, qui in*ter*uentu suo, 7 cane*m* placauit : 7 nos treme*n*tes extraxit in siccum.
Et giton quidem iam dudu*m* *ser*uatio*n*e acutissima redemerat a cane. quicq*u*id e*n*im
a nobis acceperat de cena latra*n*ti sparserat. at ille auocatus cibo furore*m*
suppresserat. Ceteru*m* cu*m* algentes utiq*ue* petissemus ab atr*i*ense, ut nos extra ianua*m* emitter*et* : erras inquit si putas te exire hac posse qua uenisti. Nemo unq*u*am
LXXIII   co*n*uiuar*um* per eandem ianua*m* emissus est. alia intra*n*t : alia exeu*n*t. quid faciam*us*
homi*n*es miser*i*mi, 7 noui gen*er*is laberintho inclusi, quib*us* l*a*uari ia*n* c*oe*perat uotum
esse : ultro ergo rogauimus ut nos ad balneu*m* duceret : proiectisq*ue* vestimen*t*is qu*ae*
giton in aditu siccare c*oe*pit, balneum intrauimus angustum scilicet, 7 cistern*ae*
frigidari*ae* simile, in qua tr*i*malchio rectus stabat. ac ne sic q*u*idem putidissim-
am ei actio*n*em licuit efug*er*e. nam nihil melius esse dicebat q*u*am sine turba lauari. 7 eo loco ipso aliqua*n*do pistrinum fuisse. deinde ut lassatus co*n*sedit, inuitatus bal-
nei sono diduxit usq*ue* ad cameram os ebrium : 7 c*oe*pit menetratis cantica lacera-
re, sicut illi dicebant, qui lingua*m* ei*us* intelligeba*n*t. Ceteri conuiu*ae* circha labru*m* manib*us* nexis currreba*n*t : 7 gingilipho ingenti clamore exona*b*a*n*t. alij aut*em* aut re-
strictis manib*us* anulos de pauimento conaba*n*t*ur* tollere. aut posito genu ceruices
post *terg*a flecte*re*, 7 pedum extremos pollices tangere. Nos dum alij sibi ludos faciu*n*t
a̷ł p̶araba*tur*   in solo quod tr*i*malchioni p*er*üapatur descendim*us*. ergo ebrietate discussa in aliud
tr*i*clinium deducti sumus : vbi fortunata disposuerat lauticias suas ita ut supr*a* lu-
cern*a*s aeneolosq*ue* piscatores notauerim. 7 mensas totas argenteas calicesq*ue* cir

10

15 a̷ł
abṣentem*ur*

20

25

30

35

40

ca fictiles inauratos, 7 vinum in conspectu sacco defluens. Tum trimalchio amici inquit
hodie seruus meus babatoriam facit homo praefiscini frugi 7 micarius : itaque tango-
menas faciamus : 7 usque in lucem cenemus. Haec dicente eo gallus gallinaceus cantauit : qua voce confusus trimalchio uinum sub mensa iussit efundi. lucernamque 7 mero
5 spargi, immo annulum traiecit in dexteram manum : 7 non sine causa inquit hic bucinus
signum dedit : nam aut incendium oportet fiat, aut aliquis in vicinia animam abii-
ciet longe +a nobis. itaque quisquis hunc indicem attulerit, corolarium accipiet : Dicto
citius de vicinia gallus allatus est : quem trimalchio iussit ut aeno coctus fieret. la-
ceratus igitur ab illo doctissimo coco, qui paulo ante de porco aues piscesque fecerat in
10 cacabum est coniectus. dum que daedalus potionem feruentissimam haurit, fortunata mo-
la buxea piper triuit. sumptis igitur matheis respiciens ad familiam trimalchio : quid uos
inquit adhuc non cenastis ? abite ut alij veniant ad officium. subijt igitur alia classis,
7 illi quidem exclamauere Uale gai. hi autem aue Gai. hinc primum hilaritas nostra
turbata est. nam cum puer non inspeciosus inter nouos intrasset ministros, in-
15 uasit eum trimalchio : 7 osculari diutius coepit. itaque fortunata ut ex aequo ius fir-
mum approbaret, maledicere trimalchionem coepit : 7 purgamentum dedecusque praedicare
qui non contineret libidinem suam. Vltimo 7, adiecit, canis. trimalchio contra confusus offensus conuicio calicem in faciem Fortunatae immisit. Illa tanquam oculum
perdidisset, exclamauit. manus que trementes ad faciem suam admouit. Consterna-
20 ta est 7 scyntilla : trepidantem que sinu suo texit : immo puer quoque. officiosus, ur-
ceolum frigidum ad malam eius admouit : super quem incumbens fortunata gemere,
ac flere coepit. contra trimalchio, quid enim inquit ambubaia non me misit se
de machillam illam sustuli : hominem inter homines feci ? at inflat se tanquam rana,
7 in sinum suum conspuit, codex non mulier. Sed hic qui in pergula natus est, ae-
25 des non somniatur, ita genium meum propicium habeam. curabo domata sit cassandra caligaria. 7 ego homo depundiarius sextercium centies accipere potui.
Scis tu me non mentiri. Agato vnguentarius here proxime seduxit me. 7 suade-
o inquit non patiaris genus tuum interire. At ego dum bonatus ago, 7 nolo uideri le-
uis : ipse mihi assiam in crus impegi. recte curabo me vnguibus : quaeras. 7 ut
30 depraesentiarum intelligas quid tibi feceris habinna, nolo statuam eius in monumento me-
o ponas : ne mortuus quidem lites habeam : immo ut sciat me posse malum dare, nolo me mortuum basiet. Post hoc fulmen, habinnas rogare coepit ut iam desine-
ret irasci : 7 nemo inquit non nostrum peccat. homines sumus non dei. Idem 7
scintilla flens dixit : ac per genium eius gaium appellando rogare coepit, ut ef-
35 frangeret. non tenuit ultra lacrimas trimalchio. 7 rogo inquit habinna, sic pecu-
lium tuum frunis canis : si quid perperam feci, in faciem meam inspue. puerum basiaui fru-
galissimum : non propter formam : sed quia frugi est. decem partes dicit. librum ab oculo
legit. thraetium sibi de diarijs fecit. artissellium de suo parauit. 7 duas trullas.
non est dignus quem in oculis feram ? sed fortunata vetat. ita tibi uidetur fulcipe-
40 dia. suadeo bonum tuum. concoquas milua. 7 me non facies ringentem amasiuncula, a-
lioquin experieris cerebrum meum. nosti me quod semel destinaui, clauo tabulari fixum est.

---

2 *facit*—a dot under the *a* and a small *e* written above it, to shew that *fecit* should be read.   4—the stop after *efundi*
is just possibly a colon.   7—the stop after *attulerit* is apparently a full stop altered into a comma.   8 *fieret*—the last
two letters doubtful.   13 *illi*—corrected from *ille*.   16—the stop after *approbaret* is apparently a full stop altered into
a comma.   17, 18 *confusus*—underlined to shew that it is to be deleted.   21 *admouit*—the *u* possibly corrected from
another letter.   29 *assiam*—the second *s* a correction, probably from a *c*.   38 *artissellium*—the first *s* struck through by
a hair-line.

ex fictile mauratos; et vinum in conspectu sacro defluens. Tum Trimalchio convivis ingt
hodie servus meus balneator factus homo praesentissimi fungi; et mixtarius; itaque translo-
menas fecimus; et usque in lucem cenavimus. Hoc dicente eo gallus gallinaceus ca-
nuit. qua voce confusus Trimalchio vinum sub mensa iussit effundi; lucernaque; et mero
spargi; immo anulum traiecit in dexteram manum; et non sine causa inquit hic bucinus
signum dedit; nam aut incendium oportet fiat; aut aliquis in vicinia animam abi-
ciet; longe a nobis. Itaque quisquis hunc indicem attulerit; corolarium accipiet. Dicto
citius de vicinia gallus allatus est; quem Trimalchio iussit ut aeno coctus fieret; la-
ceratus ig. ab illo doctissimo coco; qui paulo ante de porco aves piscesque fecerat; in
cacabum est coiectus. Dumque dedalus potionem ferventissimam hauriet; fortunata mo-
la buxea piper trivit; sumpto ig. matteis respiciens ad Romam Trimalchio. quid nos
inquit adhuc non cenasti; abire ut alii veniant ad officiis. Subiit ig. alia classis;
et illi quidem exclamavere; Vale gai; hi aut ave gai. hinc primum hilaritas nostra
turbata est; nam cum puer non inspeciosus inter novos intrasset ministros; in-
vasit eum Trimalchio; et osculari diutius coepit; itaque fortunata ut ex aequo fir-
mum approbaret; maledicere Trimalchioni coepit; et purgamentum dedecusque praedicare
qui non contineret libidinem suam. Ultimo et adiecit; canis. Trimalchio contra contumelia offensus conviciorum calicem in faciem fortunatae immisit. Illa tamquam oculum
perdidisset; exclamavit; manusque trementes ad faciem suam admovit. Consternat-
a est; et scintilla; trepidantemque sinu suo texit; immo puer quoque officiosus; ur-
ceolum frigidum ad malam eius admovit. Super quem incumbens fortunata gemere
ac flere coepit; contra Trimalchio; quid enim inquit ambubaia non meminit se; de
machina illam sustuli; hominem inter homines feci; at inflat se tamquam rana;
et in sinum suum conspuit; codex non mulier; sed hic qui in pergula natus est; ae-
des non somniatur; ita genium meum propitium habeam; curabo domata sit cassandra caligaria; et ego homo dupundiarii; sestertium centies accipere potui.
Scis tu me non mentiri; Agato unguentarius herae proximae subduxit me; et suade-
bo inquit non parandis gaudere nec uxore. At ego dum bonatus ago; et nolo videri le-
vis; ipse mihi asciam in crus impegi; recte curabo me unguibus; quidam; et tu
depensurae intelligas quid tibi feceris; habinna; nolo statuam ei; in monumento me-
o ponas; ne mortuus quidem lites habeam; immo ut sciat me posse mali dare; nolo me mortuum basiet; Post hoc fulmen; habinnas rogare coepit ut iam desine-
ret irasci; et nemo inquit non nostrum peccat; homines sumus non dei. Idem et
scintilla flens dixit; ac per genium eius gaium appellando rogare coepit; ut of-
frangeret; non tenuit ultra lacrimas Trimalchio; et rogo inquit habinna; sic pecu-
lium tuum fruaris; caios; si quid perperam feci; in faciem meam inspue; puerum basiavi fru-
galissimum non propter formam; sed quia frugi est; decem partes dicit; librum ab oculo
legit; thesaurum sibi de diariis fecit; arcisellium de suo paravit; et duas trullas;
non est dignus quem in oculis feram; sed fortunata vetat; ita tibi videatur filice pe-
dia; suadeo bonum tuum concoquas milva; et me non facias ringentem amasiuncula; a-
lioquin experieris cerebrum meum; nosti me quod semel destinavi; clavo tabulari fixum est.

[LXXIV.

[LXXV.

Sed iniuriam meminerim. nos rogo amici ut uobis suaui sit. nam ego quoq tam fui qu
uos estis. Sed uirtute mea ad hoc perueni. corcillum est quod homines facit. cetera qs
quilia omnia. bene emo. bene uendo. alius alia uobis dicet. Felicitate dissilio. Tu
aut sterteia et num ploras. iam curabo fatum tuum plores. Sed ut coepera dico
ad hanc me fortunam frugalitas mea pduxit. tam magnus ex asia ueni qu hic
candelabrus est. ad summa quotidie me solebam ad illum metiri. et ut celerius
rostrum barbatum haberem labra de lucerna ungebam. tamen ad delicias feminam ipsi
mi dni annos quatuordecim fui. nec turpe est. quod dns iubet. ego tamen et ipsim
ae dnae satisfaciebam. scitis quid dicam. taceo qz non sum de gloriosis. sceterum
quemadmodum di uoluit dns in domo factus sum. et ecce coepi ipsimi cerebellum.
quid multa coheredem me cesari fecit. et accepi patrimonium laticlauium. ne
mini tamen nichil satis est. concupiui negociari. ne multis uos morer. quinqz na
ues edificaui. onerauit uinum. et tunc erat contra aurum uini. romam. puta
res me hoc iussisse. omnes naues naufragarunt. factum non fabula. uno di
e neptunus trecenties sextercium deuorauit. putatis me defecisse. non me
hercules mi hec iactura gusti fuit. tanqz nichil facti. alteras feci maio
res et meliores et feliciores. ut nemo non me uirum fortem diceret. Scis ma
gna nauis magnam fortitudinem habet. onerauit rursus uinum larduz. fabaz.
seplasium. mancipia. hoc loco fortunata rem piam fecit. omne eiz aurum su
um. omnia uestimenta uendidit. et mi centum aureos in manu posuit. hoc fu
it peculii mei fermentum. cito fit quod dis uoluit. uno cursu centies sextercium
corrotundaui. statim redemi fundos omnes qui patroni mei fuerant. edifico
domum. uenalicia coemo iumenta. quicqd tangeba crescebat tanqz fauus. Postqz
coepi plus habere qu tota patria mea habet. manum de tabula sustuli me de negociati
one. et coepi libertos fenerare. et sane nolente me negocium meum agere. exo
rtauit mathematicus qui uenerat forte in coloniam nram. grecutulus serapa no
mine. consiliator deorum. hic mihi dixit et ea que oblitus eram. ab aria et acumi
omnia exposuit. intestinas meas nouerat. tantum qu non dixerat qd pdie comi
derem. putasses illum semper mecum habitasse. Rogo habinna puto interfuisti
tu dnam tuam de rebus illis fecisti. tu felix in amicos es. Nemo unqz tibi
parem gratiam refert. tu latifundia possides. tu uiperam sub ala nutrias. et q
nobis non dixerim et nunc mi restare uitae annos triginta. et menses quatuor. et di
es duos. preterea cito accipiam hereditatem. hoc mihi dicit fatus meus. quod si
contigerit fundos apulie iungere satis uiuus peruenero. interim dum mercurius
uigilat edificaui hanc domum ut scitis casula erat. nunc templum est. habet
quatuor cenationes. cubicula uiginti. porticus marmoratos duos. susum cel
latione. cubiculum in quo ipse dormio. uipere huius sedem. ostiarii cellam
bonam. hospitium hospites capit. ad summa scaurus cum huc uenit nusqz ma
luit hospitari. et habet ad mare paternum hospicium. et multa alia sunt que sta
tim uobis ostendam. credite mihi. assem habeas. assem ualeas. habes habebe
ris. sic amicus nester qui fuit rana nunc est rex. Interim stiche pfer uitalia

Sed uiuor*um* meminerim*us*. uos rogo amici ut uobis suauit*er* sit. nam ego q*uoqu*e tam fui q*uam*
uos estis : sed virtute mea ad hoc p*er*ueni. coricillum est quod ho*min*es facit : cetera q*uis*-
quilia om*n*ia. bene emo. bene vendo. alius alia uobis dicet. Felicitate dissilio. Tu
aut*em* sterteia $\bar{7}$ num ploras? iam curabo fatum tuu*m* plores. Sed ut c*o*eperam dic*er*e
ad ha*n*c me fortuna*m* fr*u*galitas mea p*er*duxit. tam magnus ex asia veni q*uam* hic   5
candelabrus est : ad su*m*ma quotidie me solebam ad illum me uri. $\bar{7}$ ut celeri*us*
rostrum barbatum habere*m* labra de lucerna vngebam. t*amen* ad delicias femina ipsi
mi do*mi*ni annos quatuordecim fui. nec turpe est, quod do*mi*nus iubet. ego t*amen* $\bar{7}$ ipsim-

LXXVI ae do*mi*nae satisfaciebam. scitis quid dicam : taceo q*uia* non sum de gloriosis. ceterum
quemad*m*od*u*m di uolu*n*t, do*mi*n*us* in domo factus sum. $\bar{7}$ ecce cepi ipsimi cerebellum.   10
quid multa c*o*heredem me c*a*esari fecit. $\bar{7}$ accepit pat*r*imo*n*ium laticlauium. ne-
mini t*amen* nihil satis est. concupiui negotiari, ne multis uos morer, qui*n*que na
ues *a*edificaui. oneraui uinum. $\bar{7}$ tu*n*c erat contra aur*um* misi roma*m*, putares me hoc iussisse. om*n*es naues naufragaru*n*t. factu*m* non fabula vno di-
e neptunno trecenties sextercium deuorauit. putatis me defecisse? non me   15
hercules mi h*a*ec iactura gusti fuit : tanq*uam* nihil facti. alteras feci maio-
res $\bar{7}$ meliores, $\bar{7}$ feliciores, ut nemo non me viru*m* fortem dic*er*et. Scis, m-
agna nauis, magna*m* fortitudine*m* habet. oneraui rursus vinu*m*, lardum, fabam,
seplasium, mancipia. hoc loco fortunata rem piam fecit. om*n*e e*n*im aur*um* su-
um, om*n*ia vestime*n*ta vendidit. $\bar{7}$ mi centum aureos in manu posuit. hoc fu-   20
it peculij mei fermentum. cito fio quod dij uolunt. vno cursu centies sext*er*cium
corrotundaui. statim redemi fundos om*n*es qui patr̄oni mei fuera*n*t. *a*edifico
domu*m*. venalicia coemo iumenta. quicq*ui*d tangeba*m* crescebat tanq*uam* fauus. Postq*uam*
c*o*epi plus hab*e*re q*uam* tota pat*r*ia mea habet, manu*m* de tabula sustuli me de negociati-
one. $\bar{7}$ c*o*epi libertos foenerare. $\bar{7}$ sane nolente me negociu*m* meu*m* agere, e*x*̄o-   25 al̄. exhortau*it*
räuit mathematic*us* qui uenerat forte in colonia*m* no*str*am, graeculio serapa no-
mine co*n*siliator deor*um*. hic mihi dixit $\bar{7}$ ea qu*a*e oblitus era*m* abacia $\bar{7}$ acumi

mihi omnia exposcit. intestinas meas nouerat, ta*n*tum q*uod* n*o*̈n dixerat q*ui*d p*r*idie cena-
LXXVII ueram. putasses illu*m* sempe*r* mecum habitasse. rogo habinna puto int*er*fuisti   30
tu do*mi*nam tua*m* de rebus illis fecisti. tu paru*m* felix in amicos es. Nemo unq*uam* tibi
parem gratiam refert. tu latifundia possides. tu vipera*m* sub ala nut*r*icas. $\bar{7}$ q*uod*
uobis non dixerim $\bar{7}$ nu*n*c mi restare vit*a*e annos t*r*iginta, $\bar{7}$ menses q*u*atuor $\bar{7}$ dies duos. pr*a*eterea cito accipia*m* h*er*editatem : hoc mihi dicit fatus meus : quod si
contigerit fundos apuli*a*e iungere. satis uiuus p*er*uenero. int*er*im dum mercurius   35
uigilat *a*edificaui hanc domu*m* ut scitis cusuc erat. nu*n*c templum est. habet
quatuor cenationes, cubicula vigi*n*ti, porticus marmoratis duos, susum cel
latione*m*, cubiculum in quo ip*s*e dormio viper*a*e hui*us* sessorium, hostiarij cellam
p*er*bona*m*, hospicium hospites capit : ad su*m*ma scaurus cu*m* huc uenit nusq*uam* ma-
uoluit hospitari. $\bar{7}$ habet ad mare pat*er*num hospicium. $\bar{7}$ multa alia su*n*t qu*a*e sta-   40
tim uobis ostendam. credite mihi. assem habeas. assem valeas. habes habeber-
is. sic amicus uester qui fuit rana nu*n*c est rex. Int*er*im stiche p*r*ofer uitalia,

in quib*us*

2, 3 *quisquilia*—the last two letters altered from something else, perhaps an *a*.   7 *rostrum*—the *r* probably added later.
9—after *taceo* a mark which may be an erased full stop.   16—the stop after *fuit* perhaps a full stop altered into a colon.
16 *facti*—the *i* perhaps changed by erasure from *um*.   21 *dij*—corrected from *di*. The following hair-line is only to separate
it from the next word, to which it appeared to belong after the insertion of an additional letter.   24—the stop after *habet*
appears to be a full point corrected into a comma.   26—the *i* in *graeculio* inserted (? by the original hand) by means of a
caret-mark.   32 *annos*—the *s* added afterwards above the line.   36—the stop after *duos* was originally a full point,
converted into a comma by a hair-line. *cel* at the end of the line may possibly be written over an erasure.   The words in
the lower margin are the catchwords for the next quire, as on p. 208.

G. P.   6

in quib*us* uolo me eferri. profer 7 vnguentu*m*. 7 ex illa amphora gustu*m* ex qua iubeo lauari ossa
mea. non est moratus stichus, sed 7 stragula*m* alba*m*, 7 pr*ae*texta*m* in tr*i*clinium attulit, iussitq*ue* nos
tentare an bonis lanis essent c*o*nfecta. tum subride*n*s. vide tu inqu*it* stiche, ne ista mures
tanga*n*t aut tine*ae*, alioqu*i*n te viuu*m* comburam. ego gloriosus uolo eferri, ut totus mihi p-
5 opulus bene imprece*tur*. Statim appollam nardi aperuit, om*n*esq*ue* nos vnxit : 7 spero inquit futur*um* ut *ae*que me mortuu*m* iuuet tanq*uam* uiuum. nam vinu*m* qu*i*dem in vinarium iussit
infundi. 7 putate uos ait ad pare*n*talia mea inuitatos esse. Ibat res ad su*m*mam nausea*m*
cu*m* tr*i*malchio ebrietate turpissima grauis nouu*m* acroama, cornicipes in tr*i*clinium
iussit adduci. fultusq*ue* ceruicalib*us* multis extendit se sup*er* thorum extremu*m* : 7 fingite me
10 inquit mortuu*m* esse. dicite aliquid belli. consonuere cornices funebri strepitu. vnus
pr*ae*cipue s*er*uus libertinarij illius qui in*ter* hos honestissim*us* erat, tam valde intonuit, ut tota*m*
co*n*citaret viciniam. itaq*ue* vigiles qui custodieba*n*t vicina*m* regionem rati ardere tr*i*-
malchionis domu*m*, efregeru*n*t ianuam subito : 7 cu*m* aqua 7 securib*us*q*ue* tumultua-
ri suo iure c*o*eperu*n*t. Nos occasionem oportunissimam nacti agamenoni verba
15 dedimus. raptimq*ue* tam plane q*uam* ex incendio fugimus.

2—the stop after *attulit* originally a full point, corrected by a hair-line into a comma.   9—after *adduci* a mark which
is apparently a letter struck through.   13—the 7 after *aqua* struck through by a hair-line to shew that it should be deleted.

in quib; uolo me efferri. profer et unguentu. et ex illa amphora gustu ex qua iubeo lauari ossa
mea. non est moratus Stichus, sed et stragula alba, et prexta in triclinium attulit, iussitq; nos
temptare an bonis lanis essent qfecta. tum subridens. uide tu mg; Stiche, ne istas murices
tangat, aut tinee, alioqn te uiuu coburam. ego gloriosus uolo efferri, ut totus mihi p-
opulus bene imprecet; Statim ampollam nardi aperuit, omesq; nos unxit, et spero inquit futuru ut eque me mortuu iuuet tanq; uiuu. nam uinu qdez in uinariu iussit
infundi. et putate nos ait ad parentalia mea inuitatos esse. Ibat res ad summam nausea
cum trimalchio ebrietate turpissima grauis nouu acroama, cornicipes in triclinium
iussit adduci, fultusq; ceruicalib; multis extendit se sup thoru extremu, et fingite me
inquit mortuu esse dicite aliquid belli. consonuere cornices funebri strepitu. unus
precipue seruus libertinari illius qui int hos honestissim erat, tam valde intonuit, ut tota
concitaret uiciniam. itaq; uigiles qui custodiebat uicina regiones rati ardere t-
malchionis domu, effregerut ianuas subito, et cum aqua et securib; tumultua-
ri suo iure ceperunt. Nos occasionem oportunissima nacti agamenoni uerba
dedimus, raptimq; tam plane q; ex incendio fugimus.

LXXIX

Iam nox hibernas bis quinq; peregerat horas,
Excubitorq; diem cantu predixerat ales,
Simulus exigui cultor cum rusticus agri,
Tristia ventire metuens ieiunia lucis,
Membra leuat sensim tristi demissa grabato. iiii
Solicitaq; manu tenebras explorat inhertis,
Vestigatq; focum, losius que deniq; sentit.
Paruulus ex usto remanebat stipite fumus.
Et cinis obducte celabat lumina pruine.
Admouet is pronam submissa fronte lucernam.

IT̄ EIUSDEM

Qui pelago credit magno se fęnore tollit

Qui pugnas et castra petit praęcingitr̆ aro

Uilis adolator picto iacet ebrius ostro.

Et qui sollicitat nuptas ad proęmia spectat—

Sola pruinosis horret prudencia pānis   a+ peccat   5

Atq̇ inopi lingua disertas inuocat artes.

IT̄ EIUSDEM

Fallūt nos oculi uagiq̇ sensus   metro falecio endecasilla bo

Oppressa ratione mentiūtr̆

Nā turris prope quaę quadrata surgit

Detritis procul angulis rotatr̆   10

Hibleū refugit satr̆ licorem

Et maris casiā frequenter odit

Hoc illo magis aut minus placere.

Nō posst nisi lite destinata

Pugnarent dubio tenore sensus.   15

IT̄ EĬDEM   DE SOMNIIS

Sōnia quaę mentes ludunt uolitātib̊ ūbris

Nō delubra deū nec h ab ethere numina mittūt

Sed sibi q̇isq̇ facit nā quū prostata sopore.

Urguet membra q̇ies et mens sine pōdere ludit

Quidq̇id luce fuit tenebris agit oppida bello   20

Qui quatit et flāmis miserādas eruit urbes.

Tela uidet uersasq̇ acies et funera regū

Atq̇ exūdātes p̄fuso sāgine cāpos.

Qui casas orare solent legesq̇ forŭq̇

Et pauidi cernunt inclusū corde tribunal   25

Cōdit auarus opes defossūq̇ inuenit aurum

Uenator saltus canib̊ quatit eripit undis.

Aut premit euersā peritrus nauita puppem.

Scribit amatori meretrix dat adultera mūnus

UERSUS   PETRONII

Quid faciūt leges ubi sola pecunia pugnat

25 Aut ubi paṗtas uīcere nuda potest

Ipsi qui cinica traducūt tempora cera

Non nūquā nūmis uendere uera solent

Ergo iudiciū nihil est nisi publica merces.

Atq̇ eques in casa qui sedet empta probat

24—I thought at first that the second word was *faciāt*, which is probably the right reading, but I fear that this view cannot be sustained. I have on this point had the advantage of the valuable opinion of Mr E. H. Minns, Reader in Palaeography in the University of Cambridge.

14—I am not sure that the *u* above the line is not written *n̆* —if so, it is a mistake, for it has to stand for *un* and not for *um*. 17—the *h* standing alone erased. 23 *perfuso*—the editors seem to have read this *profuso*, and in Buecheler's *apparatus criticus* the latter, which is perhaps slightly preferable in sense, is described as a conjecture by Pithou. But the contraction is certainly the same as in the word *paupertas* in l. 25 of the other column.

...dis affec... ueniciam uotu... fum et
...iat & ... ipso fregi... mala... nega u...
Nulla h... relinc... rogatu pudor i... eria
Sic u...a templorum danos... cidio q... requir...
hoc e... lol... at... ae pecu... Indo pace...
Mirum ni pulchra uarie... romanu... uocitur
Dic... & ... regio suo & in eloquio.
Vapo saluris sonu... fumos... ae... pend... dia lingua...
Barbaric... e... in... sin... de... quin auro por...
Aequi... neq... quos prop... & non fac... mul... p... ae fe di
Audac... ni uicia... pull... dari... uiri...
Romani... & monil... agere... ...d... du... e... bu...
...regia u... offic... caur... dulingu... sonos
...& cum... ecula... ad p... er... ip... per... qui... po...
Su... amicau d... n... sit for... en honori... haue...
Ambur... cae... di... spec... & ae... su... g... ae... clo
A bacu... ae... t... prisci se corpus suo dic... muris
P... er pl... peregrin... fron... s... ...probua... no... pot... sup... te...
...xat... es... mule... ae... ci... en... de gem...
Si man... es... & lucen... pando sin uamine nupes
...emou... os... nud... u... cag... rug... lab... pu... cau... m... e...
...costul... n... u... ae... en... propul... so... p... od... e... e... g...
...frangi... & tau... cu... oct... ... cau... m... es... g... nuu...
...discolor in manib... sper... & nuee... pia... illud...
Quod cu... auso... cute pall... & in uuidia...

Qu... fuerit... lege urbi sol... & unia pugna...
Du... ubi pug... au... uic... strada pos... ea
Ip... qui cinic... ae produc... it... sen... potu... cu...
Non n... qua... na... su... nd... ae... ei... us... fol... e...
Ergo ludicium nihil e... si... ni... publicum & ce...
At... sqnal in cau... qui... sed & en... po... sup... bu...

Qui pelago... cr... dia... magnos... geno... re... collid...
Qui pugnus secur... au... p... ta... p... pug... ing... uir... ad... ...
Qi li... pudo... au... corpi... ca... ol... uce... & am... au... so... ra... tio...
& aequ... os olli... ciat... au... por... uad... pro g... niu... sp... ae... cau...   la... pecau...
Sol... pun... os... si... ho... mec... e... uad... 5... ro... un... p... un... s...
...aeq... in op... un... qu... ed... ist... e... au... In... uo... ce... tu... ae...

motu... pelagio... in... d... e... m... e... ...

Falli... a... no... s... ocul... au... g... i... os... ari... uc...
O... pp... t... asu... turo... nem... en... au... ae... uf...
M... xat... tri... s... prop... & qu... n... ae... quod... nuoc... au... s... ur... g... i... a...
...am... cau... sp... t... e... cau... lung... ce... ui... t... ro... ru... ue...
hibl... o... i... ne... fug... i... a... s... a... ue... lic... o... ra... un...
...t... e... muri... s... cau... ni... u... fug... e... n... ae... cro... di... a...
...n... ocil... lo... mage... sui... a... m... i... nu... su... pluc... e... re...
M... o... poss... en... su... li... ae... sed & au... in... uc... au...
Pugnu... an... s... t... ed... u... bi... o... sc... au... no... te... f... en... s... us...

Co... niu... qu... ae... qu... m... en... au... e... lud... un... c... u... o... cau... au... at... i... b... u... ri...
Mo... de... la... bi... r... u... ae... d... e... in... cau... ae... b... os... h... se... cau... rum... in... u... e... t... e... cau... ...
S... ae... d... i... b... i... qu... i... s... ae... fuer... en... te... qu... a... p... ro... s... au... cau... i... us... por... e...
Vr... e... qu... s... e... m... en... b... ru... g... i... s... & & e... m... au... ri... s... in... h... t... od... d... se... c... i... di... a...
Qu... d... q... i... d... i... luc... e... fu... er... au... ae... au... e... b... ri... uu... ci... au... cor... p... i... d... au... e... b... e... l... o...
...qu... i... qu... er... au... e... s... & f... l... um... i... m... i... u... i... tr... ci... a... d... ... t... u... ri... m... au... n... au... e...
...ro... lu... ui... d... & u... b... r... u... ei... qu... u... e... & e... f... un... d... au... n... e... g... a...
d... ae... q... e... au... d... u... a... d... cr... p... p... i... or... au... g... i... n... e... e... au... po... s...
Qu... e... au... cu... l... u... s... o... r... au... e... r... e... au... i... c... u... le... g... i... s... & e... g... s... p... r... au... a...
G... t... p... au... s... i... d... i... cau... s... m... au... u... n... i... In... clu... s... o... cord... e... b... an... b... un... al...
Co... d... i... au... m... au... e... u... i... op... e... de... g... os... s... u... g... q... l... n... uu... e... au... d... cau... au... u... s... u... m...
V... s... m... au... u... ri... u... i... lau... i... cau... ni... b... g... u... au... e... t... a... s... t... r... pi... cau... au... u... n... d... i... s...
A... u... ae... p... ro... n... i... au... & au... er... au... e... p... or... au... e... au... s... i... n... i... u... au... p... au... cau... p... g... o...
Scri... b... i... c... au... m... au... q... au... cau... o... m... m... en... s... or... e... y... d... u... i... cau... i... d... i... s... te... r... u... m... n... e... s...

Et canis in somnis leporis uestigia latrat
In noctis spatiû miserorû uulnera durant